DEUTSCH PLUS
ACTIVITY BOOK

Ruth Rach

BBC Books

1 Introductions

Practising greetings and introductions

Correct the captions. Each caption has one or two words that don't match the picture. Cross them out and replace them with the right one from the box below.

Tag	wohne	Frau	Felix

(1) Ich heiße Anton. Ich arbeite in Köln.

(2) Guten Abend, Frau Heine!

(3) Ich bin Herr Möller. Ich bin Architektin.

(4) Auf Wiedersehen, Herr Krämer.

2 Number work

Revising numbers 1–20

Write the missing numbers in letters.
Here is an example: sechs + zwei = acht

(1) fünf + sieben = _ _ _ _ _ _ _ _ _ _ _ _ _ _ _ _

(2) neun + _ _ _ _ _ _ _ _ _ _ _ _ _ _ _ _ = siebzehn

(3) _ _ _ _ _ _ _ _ _ _ _ _ _ _ + zehn = zwölf

(4) drei + eins = _ _ _ _ _ _ _ _ _ _ _ _ _ _ _ _

(5) fünfzehn + drei = _ _ _ _ _ _ _ _ _ _ _ _ _

(6) _ _ _ _ _ _ _ _ _ _ _ _ _ _ + acht = neunzehn

(7) sechzehn + vier = _ _ _ _ _ _ _ _ _ _ _ _ _ _

(8) sechs + _ _ _ _ _ _ _ _ _ _ _ _ _ _ _ = zwanzig

3 Weird conversation

Capital or small letters?

Disentangle the sentences and rewrite the conversation. Here is an example:

WIEISTIHRNAME?   Wie ist Ihr Name?

(1) ICHVERSTEHENICHT._ _ _ _ _ _ _ _ _ _ _ _ _

(2) WERSINDSIE?   _ _ _ _ _ _ _ _ _ _ _ _ _ _ _ _ _

(3) ICHBINNICOANTONESCU.

_ _

(4) WIEBITTE?   _ _ _ _ _ _ _ _ _ _ _ _ _ _ _ _ _ _

(5) MEINNAMEISTNICOANTONESCU.

_ _

(6) UNDWOHERKOMMENSIEDENN?

_ _

(7) ICHKOMMEAUSRUMÄNIEN.

_ _

(8) ARBEITENSIEHIER? _ _ _ _ _ _ _ _ _ _ _ _ _ _ _

(9) JAICHARBEITEHIER. _ _ _ _ _ _ _ _ _ _ _ _ _ _ _

(10) UNDWASSINDSIEVONBERUF?

_ _

(11) ICHBINVOLONTÄR. _ _ _ _ _ _ _ _ _ _ _ _ _ _ _ _

(12) SINDSIENEUHIER? _ _ _ _ _ _ _ _ _ _ _ _ _ _ _ _

(13) JAICHBINNEUHIER. _ _ _ _ _ _ _ _ _ _ _ _ _ _ _

(14) WILLKOMMENINDEUTSCHLAND!

_ _

4 Basic questions

Practising question words

Connect the question words with the right phrases and translate the questions. Some question words can be combined with more than one phrase. You should come up with at least five questions.

| wo | woher | wie | was | wer |

...kommen Sie?   ...heißen Sie?

...sind Sie?

...wohnen Sie?   ...sind Sie von Beruf?

----

5 This is Andreas

Practising verbs

Andreas is a policeman from Munich who lives in Potsdam and works in Berlin. This is what he wrote about himself. Fill in the missing verbs from the box below.

| arbeite | bin | komme | ist | wohne |

Mein Name
Andreas und ich
_____ aus München.
Ich _____ Polizist
von Beruf, _____ in Potsdam
und _____ in Berlin.

6 More questions, more verbs

Practising verbs

Write in the appropriate verb forms.

(1) heißen
 Ich _____ Maria.
 Wie _____ Sie?

(2) sein
 Ich _____ Ingenieurin. Und Sie?
 Was _____ Sie von Beruf?

(3) arbeiten
 Ich _____ hier in Köln.
 Und wo_____ Sie?

(4) kommen
 Ich _____ aus Hamburg.
 Woher _____ Sie?

(5) wohnen
 Ich _____ in Bonn.
 Wo _____ Sie?

7 Puzzle

Brushing up on your vocabulary

The highlighted letters will give you the name of an English-speaking country.

(1) greeting
(2) woman
(3) German-speaking country
(4) One way of saying goodbye
(5) morning
(6) day
(7) welcome
(8) A country with more than three languages
(9) Another German-speaking country
(10) evening

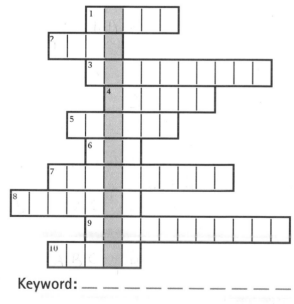

Keyword: _ _ _ _ _ _ _

3

1 Who says what?

Practising key phrases

Write the correct captions in the speech bubbles.

Wie geht's Ihnen?	Wie buchstabiert man das?
Nehmen Sie Platz!	Nein danke.
Milch und Zucker?	Danke, gut!

(1)

(2)

(3)

(4)

2 Which answer fits?

Responding to basic questions

Choose the appropriate answer.

(1) Wie geht's Ihnen?
(a) Nein danke!
(b) Prima, danke!

(2) Eine Tasse Kaffee?
(a) Ja, gerne.
(b) Schönen Tag noch.

(3) Woher kommen Sie?
(a) Aus Hamburg.
(b) Ich heiße Rita.

(4) Was sind Sie von Beruf?
(a) Verkäufer.
(b) Zucker.

(5) Wo wohnen Sie?
(a) Frau Eichhof.
(b) In Bremen.

3 A letter

Practising filling in forms

Study the details given by Julian in the passage below, and then fill in the form.

Ich heiße Julian Janson. Ich bin
Ingenieur und ich wohne in der
Kastanienstraße 3 in Bonn. Mein
Geburtsort ist München, und
mein Geburtstag ist der 11.6.75.

(1) Name: _____

(2) Vorname: _____

(3) Adresse: _____

(4) Land: _____

(5) Geburtstag: _____

(6) Geburtsort: _____

4 Ein, eine or der, die, das ...

Test your knowledge of the definite and indefinite article

Complete the grid.

ein Land	das Land
(1)	der Name
(2)	die Adresse
(3) eine Straße	
(4)	der Mann
(5) ein Beruf	
(6) ein Student	
(7)	der Ausweis
(8) eine Frau	
(9)	die Polizistin
(10)	der Lehrer

5 New verbs

Practising verbs

Fill in the appropriate verb forms.

(1) schreiben   Wie _____ man das?

(2) nehmen   Bitte _____ Sie Platz!

(3) möchten   _____ Sie einen Kaffee?

(4) gehen   Wie _____ es Ihnen?

(5) wiederholen   Bitte _____ Sie das, langsam.

6 Chaos and order

Test your vocabulary

Put the nouns into one of the four categories below. One has been done for you.

Name	Milch	Saft	Straße	Lehrer	Wasser	Abend	Ort
Tag	Polizist	Tee	Hallo	Kaffee	Land	Architektin	Morgen

address	greeting	drink	profession
Name			

7 Absurd orders

Practising comprehension of food terms

Cross out the parts of the orders that don't make sense and provide translations. But watch out, one of the orders doesn't need changing, whilst others could be corrected in more than one way. For example:

Ich möchte einen Fruchtsaft mit Milch.
⇩ *Ich möchte einen Fruchtsaft.* (I want a fruit juice.)
or: *Ich möchte Milch.* (I want milk.)

(1) *Ich möchte einen Kaffee! Schwarz, mit Milch bitte!*
⇩ _____

_____

(2) *Einen Zucker mit Milch bitte!*
⇩ _____

_____

(3) *Eine Tasse Tee mit Zucker!*
⇩ _____

_____

(4) *Ich nehme einen Saft und ein bißchen Kaffee.*
⇩ _____

_____

(5) *Ein Glas Wasser, schwarz, ohne Zucker bitte!*
⇩ _____

_____

8 Reading forms

Practising reading forms

Fill the gaps.

NAME:
Murr
VORNAME:
Maximilian
BERUF:
Journalist
ADRESSE: 33602 Bielefeld,
Kornstraße 15a
GEBURTSORT: Bonn

Ich heiße _____.

Von Beruf bin ich _____

Ich komme aus _____

und ich wohne in _____.

1 Which way?

Understanding directions

Connect the symbols with the appropriate expressions.

(a) geradeaus	(b) links
(c) rechts	(d) zweite Straße rechts
(e) dritte Tür rechts	(f) die Treppe runter
(g) erste Straße links	(h) die Treppe rauf

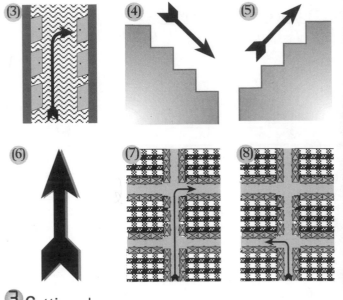

2 Wo ist...? Wo sind...? Wo finde ich...?

Asking for directions

Translate the questions below using all the words from the grid.

Wo...

ist	die	Studios ?
sind	das	Computer ?
finde ich	das	Automat ?
finde ich	der	Telefon ?
sind	den	Büros ?
finde ich	die	Restaurant ?
ist	den	Kiosk ?

Here is an example:

Where is the telephone? *Wo ist das Telefon?*

(1) Where do I find the kiosk?

_____

(2) Where are the offices?

_____

(3) Where do I find the restaurant?

_____

(4) Where are the studios?

_____

(5) Where do I find the computer?

_____

(6) Where is the vending machine?

_____

3 Getting places

Zum or zur?

Ask how to get to a particular place. For example:

Wie komme ich zur Rezeption?

(1) _____

(2) _____

(3) _____

(4) _____

(5) _____

4 Blind date in Bern

Following directions

Linda, Mitzi, Paul and Dieter have got one set of directions each. Are they all going to converge in the end? Look at the map and draw in their routes.

Mitzi: *Geradeaus und die zweite Straße rechts.*

Dieter: *Geradeaus, am Bärenplatz links und dann die dritte Straße rechts.*

Paul: *Geradeaus und dann rechts um die Ecke.*

Linda: *Geradeaus, und die dritte Straße links.*

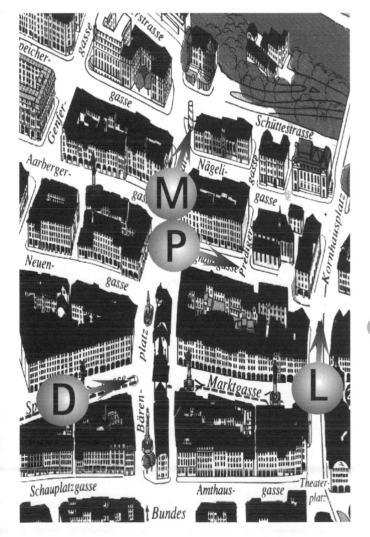

5 Mystery sights ...

Identifying sights

Eight sights are marked on the map. Can you figure out which sight the five clues below refer to and write them in? Here are the clues:

(a) *Das Hotel Union ist beim Bahnhof.*

(b) *Die Bank ist links um die Ecke.*

(c) *Zur Stadtmitte gehen Sie an der ersten Ampel rechts und dann geradeaus.*

(d) *Der Kiosk ist dort drüben, an der zweiten Ampel rechts.*

(e) *Das Restaurant König? Da nehmen Sie die erste Straße rechts, dann links, und am Ende ist dann das Restaurant.*

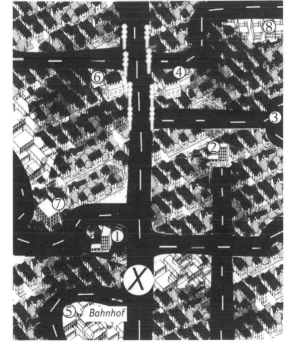

6 Keyword

Testing your vocabulary

Complete the words. The missing letters will give you the keyword.

(1) St__dtmitte   (5) __mpel

(2) A__fzug   (6) Rezeptio__

(3) __tock   (7) __ang

(4) Eta__e

Keyword: __ __ __ __ __ __ __

1 Friends of fruits

Singulars, plurals and accusatives
Each customer is pining for his or her favourite fruit. Fill in the speech bubbles as shown in the example.

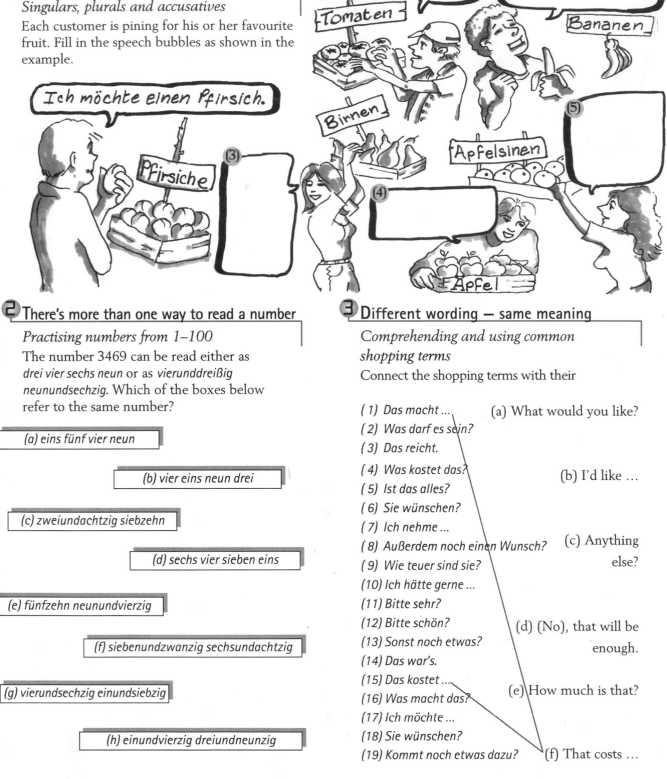

Ich möchte einen Pfirsich.

Tomaten

Bananen

Birnen

Apfelsinen

Pfirsiche

Äpfel

2 There's more than one way to read a number

Practising numbers from 1–100
The number 3469 can be read either as *drei vier sechs neun* or as *vierunddreißig neunundsechzig*. Which of the boxes below refer to the same number?

(a) eins fünf vier neun

(b) vier eins neun drei

(c) zweiundachtzig siebzehn

(d) sechs vier sieben eins

(e) fünfzehn neunundvierzig

(f) siebenundzwanzig sechsundachtzig

(g) vierundsechzig einundsiebzig

(h) einundvierzig dreiundneunzig

3 Different wording – same meaning

Comprehending and using common shopping terms
Connect the shopping terms with their

(1) Das macht …
(2) Was darf es sein?
(3) Das reicht.
(4) Was kostet das?
(5) Ist das alles?
(6) Sie wünschen?
(7) Ich nehme …
(8) Außerdem noch einen Wunsch?
(9) Wie teuer sind sie?
(10) Ich hätte gerne …
(11) Bitte sehr?
(12) Bitte schön?
(13) Sonst noch etwas?
(14) Das war's.
(15) Das kostet …
(16) Was macht das?
(17) Ich möchte …
(18) Sie wünschen?
(19) Kommt noch etwas dazu?

(a) What would you like?

(b) I'd like …

(c) Anything else?

(d) (No), that will be enough.

(e) How much is that?

(f) That costs …

4 Introductions

First and third person singular
Complete the descriptions of Felix and Petra.
This is what they wrote about themselves:

Ich bin Felix Bauer. Ich komme aus der Schweiz, aber ich wohne und arbeite in Lübeck.

Ich heiße Petra Schwarz. Ich bin Autorin bei TV-POP. Ich liebe Pop und Jazz und mache gerne Musik.

Das ist Felix Bauer. Er _____

_____

_____

Sie heißt _____

_____

_____

5 Food for thought

Understanding items of food
Mark the odd one out.

(a) Brötchen   Weißbrot   Semmel   Abendbrot

(b) Salami   Würstchen   Schinken   Ordnung

(c) Milch   Kasse   Kaffee   Wasser

(d) Verkäuferin   Gramm   Pfund   Kilo

(e) Äpfel   Apfelsinen   Bananen   Butter

(f) Pfennig   Schilling   Rappen   Zucker

6 Prices and figures

Understanding prices
Match the prices with the tags – but watch out,
not all the tags fit.

(a) fünf Mark neunundvierzig
  (b) zwei fünfzig
    (c) Dreiundneunzig D-Mark
  (d) 85 Pfennig
  (e) siebzehn dreiundzwanzig
  (f) Neunundneunzig D-Mark
  (g) vierundzwanzig Mark und fünfundsiebzig Pfennig

(1) 39 DM
(2) 0,85 DM
(3) 5,49 DM
(4) 17,32 DM
(5) 2,20
(6) 99.-
(7) 2,50 DM
(8) 17,23 DM
(9) 93.- DM
(10) 24,75
(11) 2,15 DM

7 Shopping list

Understanding measurements
Complete the missing letters to find out what
quantities are needed.

(a) ein   P_ _ _ d   Kaffee

(b) ein   L_ t_ _   Milch

(c) ein   _ i_ o   Bananen

(e) sechs   Sch_ _ _ _ _   Schinken

(f) ein   h_ lb_ _   Weißbrot

(g) 200   _ _ _ mm   Pfeffersalami

(h) ein   St_ _ _ _   Butter

1. The time

Practising different ways of giving the time

Fill in the grid following the example provided.

fünf vor sieben	(morgens)
sechs Uhr fünfundfünfzig	

(a) | | |
| neun Uhr zehn | (morgens) |

(b) | halb drei | (nachmittags) |
| | |

(c) | | |
| sechzehn Uhr fünfundvierzig | |

(d) | | |
| elf Uhr dreißig | (morgens) |

(e) | Viertel nach neun | (abends) |
| | |

(f) | zehn vor sechs | (morgens) |
| | |

2. Events ...

Understanding the time

Isabella, Henning, Torben and Clarissa want to go the the cinema. But two of them have got the times wrong. Correct the text in the speech bubbles. (Extra vocabulary: *tägl. = täglich = jeden Tag*)

3. The menu

Understanding food terms

Study the menu and decide what items the four customers below could order.

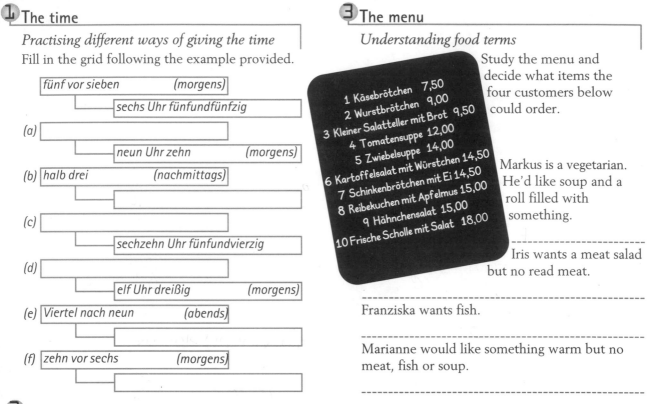

1 Käsebrötchen 7,50
2 Wurstbrötchen 9,00
3 Kleiner Salatteller mit Brot 9,50
4 Tomatensuppe 12,00
5 Zwiebelsuppe 14,00
6 Kartoffelsalat mit Würstchen 14,50
7 Schinkenbrötchen mit Ei 14,50
8 Reibekuchen mit Apfelmus 15,00
9 Hähnchensalat 15,00
10 Frische Scholle mit Salat 18,00

Markus is a vegetarian. He'd like soup and a roll filled with something.

Iris wants a meat salad but no read meat.

Franziska wants fish.

Marianne would like something warm but no meat, fish or soup.

4 What if ...

Practising phrases for the restaurant
What do you say if ...

(1) you wish to catch the waiter's attention?
- (a) Bedienung bitte!
- (b) Das schmeckt.

(2) you wish to ask for the menu?
- (a) Ein Schweinesteak mit Pommes frites bitte.
- (b) Die Speisekarte bitte!

(3) you wish to order something?
- (a) Ich möchte bestellen.
- (b) Ich möchte gehen.

(4) you wish to say 'cheers!'?
- (a) Guten Appetit!
- (b) Zum Wohl!

(5) you wish to say 'Enjoy your meal!'?
- (a) Prost!
- (b) Mahlzeit!

(6) you wish to pay?
- (a) Ich möchte bezahlen.
- (b) Haben Sie einen Tisch für mich?

5 More food

Testing food vocabulary
Write the items in their appropriate categories.
Don't forget the articles.

Ananas   Scholle   Hähnchen   Kartoffeln
Weißwein   Reibekuchen   Salat   Apfelmus
Eier   Zwiebeln   Mehl   Schweinesteak   Malzbier

Fleisch	Fisch	kein Fleisch	Getränke
		die Ananas	

6 Cartoon

Revising the time
Fill the captions as appropriate.

Um dreizehn Uhr fünf.   Ist heute Montag oder Dienstag?
Es ist halb elf.   Um wieviel Uhr kommt der Bus?
Heute ist Mittwoch!   Wie spät ist es?

1. Forms of address

Practising Sie and du

Adapt the speechbubbles to fit the situations in each cartoon.

(1) Guten Tag Frau Konrad. Kannst du mich bitte mit Herrn Michel verbinden?

(2) Möchten Sie einen Reibekuchen essen?

(3) Frau Schlömer! Mußt du heute arbeiten?

(4) Sabine, kann ich Sie heute abend treffen?

2. A telephone conversation

Practising the verb sein

Fill in the appropriate forms of *sein*.

(1) Herr Klein:

   Hier_____Herr Klein.

(2) Frau Blaß:

   Wer_____am Apparat?

(3) Herr Klein:

   Klein! Mein Name_____Klein.

(4) Frau Blaß:

   Wie bitte? Wer_____Sie?

(5) Herr Klein:

   Ich_____Herr Klein. Ich möchte Frau

   Daniels sprechen.

(6) Frau Blaß:

   Tut mir leid. Frau Daniels_____im Moment

   nicht da.

(7) Herr Klein:

   Achje! Kann sie mich zurückrufen?

   _____das ok?

(8) Frau Blaß:

   Ja. Wie_____Ihre Telefonnummer?

(9) Herr Klein:

   Meine Nummer_____42931.

3. Wer? Wie? Wann?

Revising question words

Fill in the right question word.

(1) _____ ist am Apparat?

(2) _____ ist Ihre Telefonnummer?

(3) _____ ist cr wicdcr da?

(4) _____ spricht da, bitte?

(5) _____ kann ich Frau Lehnhardt sprechen?

4 Who can work when?

The modal verb können
Write in the appropriate forms of *können*.

(1) Herr Matz: Herr Krause,_____Sie heute arbeiten?

2) Herr Krause: Ja, heute_____ich arbeiten.

(3) Herr Matz: Gut. Und Frau Arndt?_____sie heute auch arbeiten?

(4) Herr Krause: Nein, tut mir leid. Frau Arndt _____heute nicht arbeiten.

(5) Herr Matz: Achje!! Und morgen?_____sie morgen arbeiten?

(6) Herr Krause: Morgen ist gut. Morgen_____ wir beide arbeiten!

6 A puzzle

Revision of telephone words
The letters 1–7 will give you the keyword – the name of the crucial object in this unit.

Wer ist am __ __ __ __ __ [1] __ ?

Einen __ __ [2] __ __ , bitte.

Tut mir [3] __ __ __ !

Können Sie mich mit Frau Macke __ [4] __ __ __ __ __ __ __ ?

Könnten Sie ihr sagen, sie möchte mich __ __ __ __ __ __ [5] __ __ __ ?

Prima Plus Radio, guten __ [6] __ __ __ __ !

Kann ich bitte Frau Meier __ __ __ __ __ __ [7] __ ?

Keyword: __ __ __ __ __ __ __

5 Telephone language

Understanding telephone phrases
In each set of responses, cross out the one that doesn't fit.

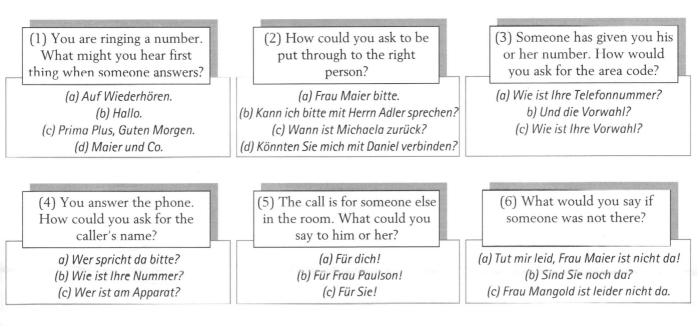

(1) You are ringing a number. What might you hear first thing when someone answers?

(a) Auf Wiederhören.
(b) Hallo.
(c) Prima Plus, Guten Morgen.
(d) Maier und Co.

(2) How could you ask to be put through to the right person?

(a) Frau Maier bitte.
(b) Kann ich bitte mit Herrn Adler sprechen?
(c) Wann ist Michaela zurück?
(d) Könnten Sie mich mit Daniel verbinden?

(3) Someone has given you his or her number. How would you ask for the area code?

(a) Wie ist Ihre Telefonnummer?
b) Und die Vorwahl?
(c) Wie ist Ihre Vorwahl?

(4) You answer the phone. How could you ask for the caller's name?

a) Wer spricht da bitte?
(b) Wie ist Ihre Nummer?
(c) Wer ist am Apparat?

(5) The call is for someone else in the room. What could you say to him or her?

(a) Für dich!
(b) Für Frau Paulson!
(c) Für Sie!

(6) What would you say if someone was not there?

(a) Tut mir leid, Frau Maier ist nicht da!
(b) Sind Sie noch da?
(c) Frau Mangold ist leider nicht da.

1 The week ahead

Practising days of the week

Sonja has a busy week ahead. Study a section of her letter and then answer the questions below in English.

(1) What are Sonja's working hours during the first part of the week?

_____

(2) Will she have any free evenings during the week?

_____

(3) What's happening Thursday morning?

_____

(4) Who is Sonja meeting on Thursday afternoon?

_____

(5) When is Sonja going to the opera?

_____

(6) Who is she going to the opera with?

_____

Mein Terminkalender für nächste Woche ist absolut voll. Von Montag bis Mittwoch arbeite ich von acht Uhr morgens bis sechs Uhr abends. Montagabend spiele ich Tennis, Dienstagabend gehe ich in die Sauna. Am Donnerstag treffe ich mich mit meinen Kollegen zu einem Arbeitsfrühstück, am Nachmittag habe ich eine lange Besprechung mit dem Direktor. Freitag gehe ich zu einem Workshop über Management und Kommunikation, und am Abend besuche ich mit meinem Mann die Oper.

2 Two museums in South Germany

Understanding opening hours

Look at the details of the museums and tick the correct box/boxes in the grid below.

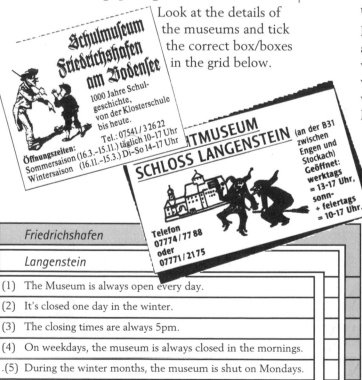

Schulmuseum Friedrichshafen am Bodensee

1000 Jahre Schulgeschichte, von der Klosterschule bis heute.

Tel.: 07541 / 3 26 22

Öffnungszeiten:
Sommersaison (16.3.–15.11.) täglich 10–17 Uhr
Wintersaison (16.11.–15.3.) Di–So 14–17 Uhr

NTMUSEUM SCHLOSS LANGENSTEIN

(an der B31 zwischen Engen und Stockach)
Geöffnet:
werktags = 13–17 Uhr,
sonn- + feiertags = 10–17 Uhr.

Telefon 07774 / 77 88 oder 07771 / 21 75

	Friedrichshafen	Langenstein
(1) The Museum is always open every day.		
(2) It's closed one day in the winter.		
(3) The closing times are always 5pm.		
(4) On weekdays, the museum is always closed in the mornings.		
(5) During the winter months, the museum is shut on Mondays.		
(6) On Sundays, it opens at 10 o'clock throughout the year.		

3 Invitation to the cinema

Practising modal verbs können, wollen, müssen

Fill in the appropriate verb forms in the dialogue. The summary will help you understand the context.

Michael wants to go to the cinema in the afternoon and asks Frau Banneck whether she wants to come along. Unfortunately, she has to work – even though it's Sunday. She wonders whether they can go in the evening but Michael can't – he has to drive to Berlin.

(1) Michael: Ich_____(wollen) heute mittag ins

Kino. _____(wollen) Sie mitkommen?

(2) Frau B: Heute mittag_____(können) ich

leider nicht. Ich_____(müssen) arbeiten.

(3) Michael: Was!! Sie_____(müssen) heute arbeiten?

(4) Frau B: Ja, eine Journalistin_____(müssen)

auch mal am Sonntag arbeiten. Aber_____(können)

wir nicht heute abend gehen?

(5) Michael: Heute abend_____(können) ich nicht.

Ich_____(müssen) nach Berlin fahren.

4 Dates and meetings

Choosing the right word
Complete the sentences.

(1) Ich muß schnell zu einer_____ .

| Woche | Sitzung | Kalender |

(2) Kann ich mal kurz_____?

| holen | tun | telefonieren |

(3) Ich möchte einen Termin_____ .

| aufstehen | sprechen | vereinbaren |

(4) Haben Sie heute _____?

| krank | frei | gut |

(5) Machen Sie doch einen_____ !

| Vorschlag | Konferenz | Monat |

(6) Treffen wir uns_____?

| Freitag | Feierabend | Büro |

(7) Ich bin immer_____ .

| geschlossen | alt | pünktlich |

5 Different wording, same meaning

Testing your understanding
Two of the three sentences in each block have the
same meaning. Can you find them?

(1)   Ich bin immer pünktlich.
      Ich muß immer zahlen.
      Ich komme nie zu spät.

(2)   Müssen Sie heute arbeiten?
      Möchten Sie heute arbeiten?
      Wollen Sie heute arbeiten?

(3)   Ich habe jetzt einen Termin.
      Ich habe jetzt frei.
      Ich habe jetzt Feierabend.

(4)   Das Büro ist am Sonntag zu.
      Das Büro ist am Sonnabend nicht offen.
      Das Büro ist am Samstag geschlossen.

(5)   Du kannst was für mich tun.
      Du kannst mir helfen.
      Du mußt was für mich tun.

6 The right response

Building up dialogue
Choose the appropriate answers to complete
the mini-dialogues below.

(1) Ich möchte einen Termin vereinbaren.
    (a)   Gut, machen Sie einen Vorschlag.
    (b)   Das Museum ist Montag geschlossen.

(2) Können wir uns am Freitag treffen?
    (a)   Oh, das ist schade.
    (b)   Oh, am Freitag kann ich leider nicht.

(3) Und am Mittwoch?
    (a)   Ja, Mittwoch ist gut.
    (b)   Ja, das schmeckt.

(4) Wo treffen wir uns?
    (a)   Um ein Uhr.
    (b)   In der Kneipe um die Ecke.

(5) Ich muß jetzt gehen.
    (a)   Bis dann.
    (b)   Hallo!

7 A puzzle

Brushing up on your vocabulary
The highlighted letters 1-10 give you the
keyword. (A time people look forward to.)

(1) formal meeting
    for discussion
(2) useful for looking up
    dates
(3) place to relax and
    have a drink
(4) There's a little shop
    just around the ...
(5) It has twelve months.
(6) It has around 4
    weeks.
(7) season of mist
(8) The more you get
    at Christmas, the
    better.
(9) Each day has 24 ...
(10) A million Pounds
    is a lot of ...

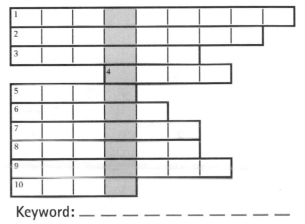

Keyword: _ _ _ _ _ _ _ _ _ _

1 The BahnCard Application

Filling in a form

Ms Fricke (born 19.5.53) wants to buy a BahnCard. It will enable her to buy cheap rail tickets. Fill in the application form for her. Here are her details: she wants the card to be valid from (*gültig ab*) the 2nd of May. Ms Ursula Fricke, Breite Straße 65, 24014 Lübeck, phone: 0451/72345.

BahnCard Antrag

BahnCard Bestellung für: ☐ Herrn ☑ Frau

Nachname

Vorname   Tag | Monat | Jahr
              Geburtsdatum

Straße, Nr.

PLZ   Ort

Für eventuelle Rückfragen bitte angeben:
Telefon-Vorwahl | Rufnummer

BahnCard Basiskarte	DM 220,– ☐	BahnCard für Junioren	DM 110,– ☐
BahnCard für Senioren	DM 110,– ☐	BahnCard für Teens	DM 50,– ☐
		BahnCard für Kinder	DM 50,– ☐

Die BahnCard soll gültig sein   Tag | Monat | Jahr

ab Erhalt der Karte ☐ oder ab:
              Bitte gewünschtes Datum eintragen.

Für diese Karte möchte ich die angebotene Reiseversicherung zu DM 23,– abschließen. ☐ Ja ☐ Nein

2 Sticking words together

Building up your travel vocabulary

Combine the words to create new compound nouns with the correct articles. You should come up with at least six compounds.

For example: *Fahr + Karte = die Fahrkarte*

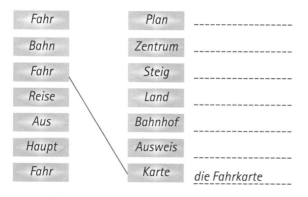

Fahr	Plan	------------------
Bahn	Zentrum	------------------
Fahr	Steig	------------------
Reise	Land	------------------
Aus	Bahnhof	------------------
Haupt	Ausweis	------------------
Fahr	Karte	*die Fahrkarte*

3 Breakfast on the train

Understanding the breakfast menu offered on the train

(*die Konfitüre* = marmelade, jam)

Speisekarte

City-Frühstück
Croissant mit Butter und Konfitüre, große Tasse Kaffee, Tee oder heißen Kakao
8,90 DM

Boulevard-Frühstück
Croissant und Brötchen, zwei Portionen Butter, Schinken, Salami und Käse, Konfitüre und Honig, große Tasse Kaffee, Tee oder heißen Kakao
13,60 DM

Europa-Frühstück
Croissant und Brötchen, zwei Portionen Butter, Konfitüre, Honig, Schinken, Salami und Käse, Orangensaft oder Tomatensaft, Frucht- oder Naturjoghurt, große Tasse Kaffee, Tee oder heißen Kakao
16,20 DM

Which breakfast would you order if ...

(1) ... you wanted to include sliced sausage and a yoghurt?

----

(2) ... you wanted to include a selection of fruit juices?

----

(3) ... you just wanted a cup of tea, and a croissant with butter and jam?

----

(4) ... you wanted to include coffee, a couple of rolls, butter, honey but no yoghurt or fruit juice?

And finally:

(5) instead of tea or coffee, could you order a cup of hot chocolate with all three types of breakfast?

----

4 Travel questions

Dealing with separable verbs: einsteigen (to get on), aussteigen (to get out), umsteigen (to change), ankommen (to arrive)

Complete the answers. For example:

Kommen Sie in Berlin an?

> *Ja, ich komme in Berlin an.*

(1) *Und Sie, wo kommen Sie an?*

> *Ich_____ auch in Berlin_____.*

(2) *Und wann kommen Sie dort an?*

> *Ich_____ dort um 6.30 Uhr_____.*

(3) *Wo steigt Michael ein?*

> *Michael_____in Hannover_____.*

(4) *Steigen wir in Hamburg um?*

> *Ja, wir_____in Hamburg_____.*

(5) *Und du? Steigst du in Bremen aus?*

> *Nein, ich_____in Hamburg_____.*

(6) *Und wer steigt in Bremen ein?*

> *Hanna _____in Bremen_____.*

(7) *Wo steigt Hanna um?*

> *Hanna_____in Köln_____.*

(8) *Wer steigt in Bonn aus?*

> *Maria und Anja_____in Bonn_____.*

6 Useful expressions

Understanding travel expressions
Match the phrases with the missing words.

Fahrkarte	zurück	richtig	Amsterdam
Fahrpläne	einfach	zweiter	
sechs	helfen	Reisezentrum	Sie

(1) *Entschuldigen_____!*

(2) *Wo ist das_____?*

(3) *Wo sind die_____?*

(4) *Können Sie mir_____?*

(5) *Wo ist Bahnsteig_____?*

(6) *Bin ich hier_____?*

(7) *Wo bekomme ich eine_____?*

(8) *Amsterdam, hin und_____?*

(9) *Amsterdam bitte,_____?*

(10) *Ich will nach_____!*

(11) *Erster Klasse oder_____?*

5 Travel connections – Reiseverbindungen

Understanding a simple timetable
Study the printout and decide which statements are true. *(Ankunft = an, Abfahrt = ab)*

```
Reiseverbindungen          Unternehmen Zukunft        [DB]  [IIII]
                           Die Deutschen Bahnen

VON    Stuttgart Flughafen                 Gültig am Dienstag, dem 19.12.95
NACH   Köln Hbf
ÜBER

BAHNHOF                    UHR   ZUG        BEMERKUNGEN
Stuttgart Flughafen     ab 14:31  S
 Stuttgart Hbf (tief)   an 14:58
 Stuttgart Hbf          ab 15:11 IC   118  Bitte reservieren, Zugrestaurant,
Köln Hbf                an 18:29             Zugang für Rollstuhlfahrer
Preis: 105,00/158,00 DM (2./1.Kl.), Dauer:   3:58 h
über S*(KA/MZ)
```

1) The train is going ...
   (a) from Stuttgart airport to Cologne main station.
   (b) from Cologne main station to Stuttgart airport.

(2) The timetable is valid for ...
   (a) Thursday, 19th December.
   (b) Tuesday, 19th December.

(3) The train leaves the airport at ...
   (a) 14.31.   (b) 14.58.

(4) It arrives at Stuttgart main station at ...
   (a) 15.11.   (b) 14.58.

(5) It gets into ...
   (a) Cologne main station at 18.29.
   (b) Stuttgart airport at 14.31.

1 A busy day

Understanding times and appointments

Compare the diary with the text below. Amend the incorrect statements to fit with the information in the diary.

Am Vormittag hatte ich drei Besprechungen, um halb neun Uhr mit Frau Scheider, um zehn mit Herrn Maier, und um halb elf mit Frau Daniels. Ich hatte eine Stunde Mittagspause, von halb eins bis eins. Um halb zwei Uhr war ein Termin bei Herrn Macke, und von drei bis fünf war ich im Postraum. Um halb fünf hatte ich Feierabend. Von halb sechs bis sechs war ich am Telefon, und von sieben bis elf Uhr abends war ich mit Andrea im Café.

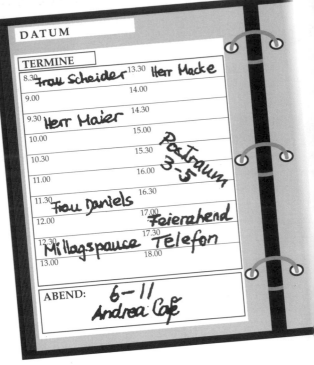

DATUM

TERMINE

8.30 Frau Scheider	13.30 Herr Macke
9.00	14.00
9.30 Herr Maier	14.30
10.00	15.00
10.30	15.30 Postraum 3–5
11.00	16.00
11.30 Frau Daniels	16.30
12.00	17.00 Feierabend
12.30 Mittagspause	17.30 Telefon
13.00	18.00

ABEND: 6–11 Andrea Café

2 Present and Past

Practising the present and the imperfect tenses

Fill in the sentences to complete the grid.
One sentence has been done for you.

Ich habe einen Termin.
    Ich hatte einen Termin.

(1)
    Er hatte eine Besprechung.

(2) Wir sind in London.

(3) Sie ist in der Kneipe.

(4)
    Du hattest eine lange Mittagspause.

(5)
    Warst du in Amsterdam?

(6)
    Er war krank.

(7) Ihr seid pünktlich.

(8) Ich bin sauer.

(9)
    Wir hatten Ferien.

(10)
    Es war dringend.

3 A Postcard

Testing comprehension

This is what Veronika wrote about her last holidays. Study the text and complete the postcard she wrote to Carola during those holidays.

Meine letzten Ferien waren im September. Ich habe drei Wochen in Konstanz am Bodensee verbracht. Die Stadt war interessant und ich habe viele Fotos gemacht. Das Wetter war super. Es hat mir gut gefallen.

Liebe _____ Konstanz, 5.
Viele Grüße aus _____
Ich bleibe _____. Frl.
Bodensee. Die Stadt _____ am Caro
_____ und ich _____ viele Fotos. Bahn
Das Wetter _____
_____ mir gut. · Es 24 o...
Viele Grüße

4 Quiz

Revising a Städteportrait
Complete the text on Lübeck and find another old Hanseatic town.

Lübeck ist eine alte H __ __ __ [3] __ __ __ __ t.

Lübecker M __ [2] __ __ __ __ __ n schmeckt sehr gut.

In den Lübecker Cafes trifft man sich zu Kaffee
und K __ __ __ [5] n.

Thomas und Heinrich [4] __ __ n sind in
Lübeck geboren.

Viele Touristen gehen durch das
H __ __ __ __ __ [6] __ __ r in die Altstadt.

Lübeck liegt etwa 50 km von H __ __ [1] __ __ g.

Keyword: __ __ __ __ __ __

5 Seasonal pairs

Seasons, festivals and times of the year
Spot the incompatibles!

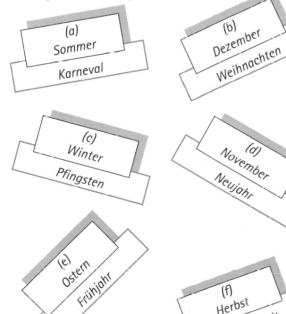

(a) Sommer
Karneval

(b) Dezember
Weihnachten

(c) Winter
Pfingsten

(d) November
Neujahr

(e) Ostern
Frühjahr

(f) Herbst
Tag der Einheit

6 A message

Testing comprehension
Tick the correct statements and amend the incorrect ones.

MITTEILUNG / MESSAGE

HERRN/FRAU/FRL. A.M. TO M. Kastor	ZIMMER Chambre ROOM. 21
DATUM DATE 19. März	UHRZEIT Temps 14.20 TIME

WÄHREND IHRER ABWESENHEIT
Pendant votre absence
DURING YOUR ABSENCE

HERRN/FRAU/FRL.
M.

VON
DE Toller   TEL. 084 23789
FROM

RIEF SIE AN Vous a téléphoné CALLED BY TEL. ✓	ERBITTET IHREN ANRUF Veuiillez lui téléphoner PLEASE CALL HIM ✓
HAT VORGESPROCHEN Est venu vous voir CAME TO SEE YOU	WIRD WIEDER VORSPR. Retournera WILL RETURN ✓
MÖCHTE SIE TREFFEN Voudrait vous voir WANTS TO SEE YOU	DRINGEND URGENT

METTEILUNG
MESSAGE _____

(1) Um zwanzig nach zwei war ein Anruf .

(2) Am Apparat war ein Herr Toller.

(3) Der Anruf war für Herrn Kastor.

(4) Herr Kastors Telefonnummer ist 23789.

(5) Die Vorwahl von Herrn Toller ist 098.

(6) Es war nicht dringend.

(7) Frau Kastor muß Frau Toller schnell zurückrufen.

(8) Der Anruf war am 19. März.

1 Buying a shirt

Shopping

Put the cartoon pictures into the right sequence.
Picture 2 is already in its correct place.

2 Likes and dislikes

Practising the verb gefallen

Write sentences following the examples below.

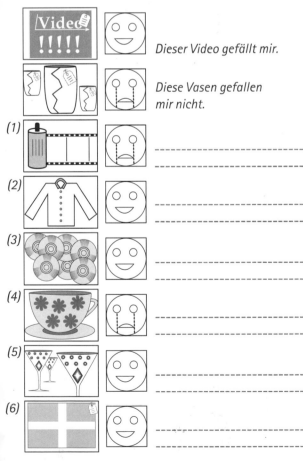

Dieser Video gefällt mir.

Diese Vasen gefallen mir nicht.

(1) _____

(2) _____

(3) _____

(4) _____

(5) _____

(6) _____

3 Likes only

Practising various forms of the verb mögen

Rewrite the sentences. One sentence has been done for you.

Ich esse gerne Käse.
> Ich mag Käse.

(1) Wir essen gerne Fisch.
> _____

(2) Hörst du gerne Popmusik?
> _____

(3) Er trinkt gerne Kaffee.
> _____

(4) Sie lernen gerne Deutsch.
> _____

(5) Andrea kauft gerne Broschen.
> _____

(6) Eßt ihr gerne Pizzas?
> _____

(7) Sie hört gerne Jazz.
> _____

(8) Anna und Nico trinken gerne Wein.
> _____

(9) Wohnen Sie gerne in Koln?
> _____

4 Pen Pals

Testing comprehension
Who might go with whom? They should have at least two things in common.

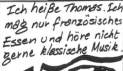

Answer: Wanda goes with_____. _____ goes with _____and_____could be friends with_____.

5 Mag or möchte

Testing comprehension
Use the German words below to translate the English sentences.

du	~~Ich~~	mag	Kaffee	möchte	sie er
magst		dieses Hemd	du	Sie	wir
etwas essen	den Film	möchten	die CD	wir	möchten
mögen	möchte	Popmusik	möchtest	das Armband	
			~~eine Tasse Tee~~		

I'd like a cup of tea.
*Ich möchte eine Tasse Tee.*_____

(1) We want to eat something.

----

(2) You (familiar) like pop music.

----

(3) He likes coffee.

----

(4) She wants the CD.

----

(5) You (familiar) want the bangle.

----

(6) You (polite) want this shirt.

----

(7) We like the film.

----

6 Different wording – same meaning

Comprehension of various expressions of likes and dislikes
Cross out the sentence that doesn't fit.

(1) *Mir gefällt klassische Musik besser.*
(2) *Ich finde klassische Musik gut.*
(3) *Klassische Musik gefällt mir gut.*

(4) *Ich höre gerne Popmusik.*
(5) *Ich mag Popmusik.*
(6) *Ich höre lieber Popmusik.*

(7) *Diese Hemden gefallen mir nicht.*
(8) *Diese Hemden mag ich lieber.*
(9) *Diese Hemden mag ich nicht.*

(10) *Ich möchte gerne eine CD.*
(11) *Ich mag diese CD.*
(12) *Ich will gerne eine CD kaufen.*

1 Twin figures

Recognising numbers up to 999

The number 671 could be read in four different ways: *sechs sieben eins, sechshunderteinundsiebzig, sechs einundsiebzig, or siebenundsechzig eins.* Connect the words that refer to identical numbers. One has been done for you.

(1) *zwei acht sieben*

(2) *achtundzwanzig sechs*

(3) *vierundfünfzig null*

(4) *einundsiebzig vier*

(5) *neunundfünfzig neun*

(6) *acht fünfundsechzig*

(7) *vierhundertsiebzig*

(8) *neunhundertachtunddreißig*

(a) *zweihundertsechsundachzig*

(b) *fünfhundertneunundneunzig*

(c) *zwei siebenundachtzig*

(d) *sechsundachtzig fünf*

(e) *fünfhundertvierzig*

(f) *siebenhundertvierzehn*

(g) *neun drei acht*

(h) *vier sieben null*

3 A dialogue at the bank

Practising mein/meine/meinen

Complete the answers in the dialogue. Read the summary first.

Summary: *Marco möchte sein Geld abholen. Seine Kontonummer ist 2367531. Das ist sein Konto. Er hat seinen Ausweis dabei. Seine Scheckkarte ist auch hier.*

Bankangestellte: Möchten Sie Ihr Geld abholen?

Marco: Ja, ich_____ [1]

Bankangestellte: Wie ist Ihre Kontonummer?

Marco: _____ [2]

Bankangestellte: Ist das Ihr Konto?

Marco: Ja,_____ [3]

Bankangestellte: Haben Sie Ihren Ausweis dabei?

Marco: Ja, ich_____ [4]

Bankangestellte: Und wo ist Ihre Scheckkarte?

Marco: _____ [5] ist hier!

2 At the bank

Understanding banking terms

Which phrases make sense?

(1) *Ich möchte mit Scheck*
    (a) *bezahlen.* (b) *abholen.*

(2) *Darf ich Ihren Ausweis*
    (a) *kaufen?* (b) *sehen?*

(3) *Kann ich hier ein Konto*
    (a) *eröffnen?* (b) *schaffen?*

(4) *Ich habe englisches Geld*
    (a) *bestellt.* (b) *gefallen.*

In which pictures can you spot the following objects? *ein Hemd ____   eine Scheckkarte ____   Bargeld____*

ein kleines Kind ____   ein Weinglas ____   eine Zwiebel____   ein Brötchen ____   ein Scheckbuch____

4 Two into one

Practising banking terms

Connect the words and add their correct articles. One has already been done for you. Remember that the gender of a compound is determined by the gender of the last constituent word. So *Wechselkurs* is masculine because it's *der* Kurs.

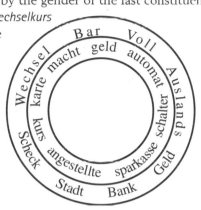

der Wechselkurs _____   _____

_____   _____

_____   _____

_____   _____

_____   _____

5 Questions and answers

Practising mir and Ihnen

Complete the short dialogues. For example:
Können Sie mir helfen?
Ja, natürlich kann ich Ihnen helfen.

(1) _____ _____ _____ sagen, wo Nico ist?
    Ja, natürlich kann ich Ihnen sagen, wo Nico ist.

(2) *Können Sie mir einen Gefallen tun?*
    Ja, natürlich _____ _____ _____ einen Gefallen tun.

(3) *Gefällt Ihnen die Brosche?*
    Ja, natürlich _____ _____die Brosche.

(4) _____ _____ _____ *das Geld holen?*
    Ja, natürlich kann ich Ihnen das Geld holen.

(5) *Bekomme ich das Geld von Ihnen?*
    Ja, natürlich bekommen Sie das Geld _____ _____.

6 More banking

Understanding banking terms

What would you say if ...
(1) ... you wanted to draw 300 Marks out of your account?
   (a) *Ich möchte 300 Mark abheben.*
   (b) *Ich möchte 300 Mark einzahlen.*
   (c) *Ich möchte 300 Mark abholen.*
(2) ... you wanted to ask someone a favour?
   (a) *Ich hoffe, es gefällt Ihnen hier.*
   (b) *Tun Sie mir einen Gefallen?*
   (c) *Können Sie mir eine Vollmacht geben?*
(3) ... you wanted to change some money?
   (a) *Ich habe kein Geld.*
   (b) *Ich möchte Geld umtauschen.*
   (c) *Ich möchte bitte zahlen.*
(4) ... you wanted to find out the exchange rate for traveller cheques?
   (a) *Was ist der Kurs für Traveller Schecks?*
   (b) *Ich möchte ein Konto eröffnen.*
   (c) *Ich möchte Traveller Schecks kaufen.*
(5) ... you wanted to pay in cash?
   (a) *Ich möchte an der Bar bezahlen.*
   (b) *Ich möchte mit Scheck bezahlen.*
   (c) *Ich möchte mit Bargeld bezahlen.*

7 Shopping spree

Writing numbers from 100–999

You want to pay for these goods by cheque. Write the amounts in words on the lines below.

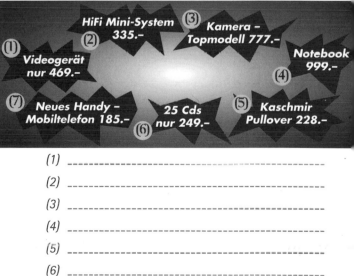

(1) _____
(2) _____
(3) _____
(4) _____
(5) _____
(6) _____
(7) _____

1 Familie Stade

Family relationships

Look at this family and complete the sentences below, using all the German words.

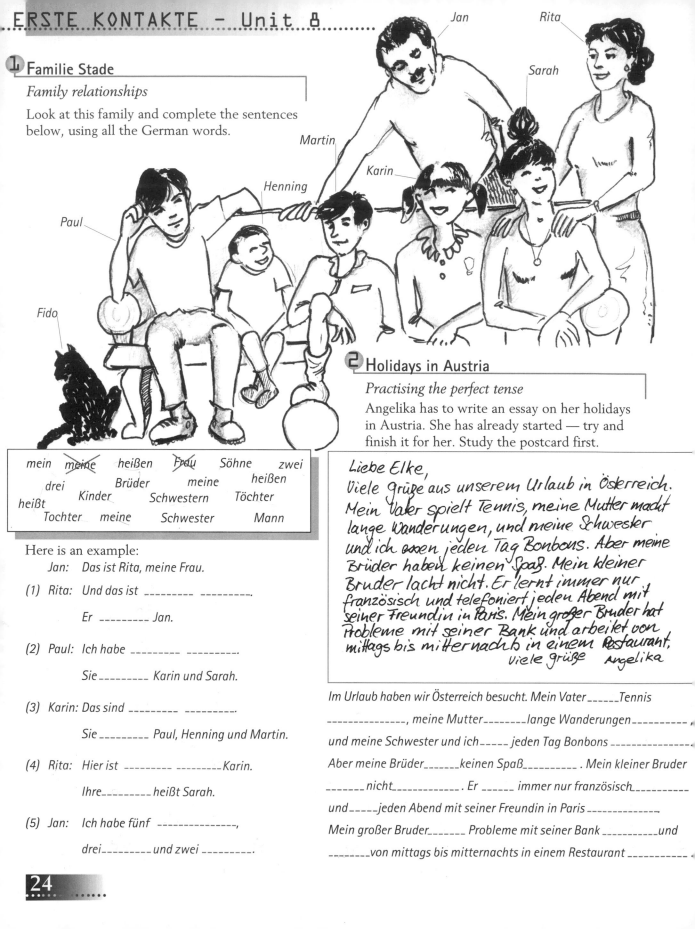

mein	~~meine~~	heißen	~~Frau~~	Söhne	zwei
drei		Brüder	meine		heißen
heißt	Kinder		Schwestern	Töchter	
Tochter	meine		Schwester		Mann

Here is an example:

Jan: *Das ist Rita, meine Frau.*

(1) Rita: *Und das ist* _____ _____.

Er _____ *Jan.*

(2) Paul: *Ich habe* _____ _____.

Sie _____ *Karin und Sarah.*

(3) Karin: *Das sind* _____ _____.

Sie _____ *Paul, Henning und Martin.*

(4) Rita: *Hier ist* _____ _____ *Karin.*

Ihre _____ *heißt Sarah.*

(5) Jan: *Ich habe fünf* _____,

drei _____ *und zwei* _____.

2 Holidays in Austria

Practising the perfect tense

Angelika has to write an essay on her holidays in Austria. She has already started — try and finish it for her. Study the postcard first.

Liebe Elke,
Viele Grüße aus unserem Urlaub in Österreich.
Mein Vater spielt Tennis, meine Mutter macht lange Wanderungen, und meine Schwester und ich ~~essen~~ jeden Tag Bonbons. Aber meine Brüder haben keinen Spaß. Mein kleiner Bruder lacht nicht. Er lernt immer nur französisch und telefoniert jeden Abend mit seiner Freundin in Paris. Mein großer Bruder hat Probleme mit seiner Bank und arbeitet von mittags bis mitternachts in einem Restaurant.
Viele Grüße Angelika

Im Urlaub haben wir Österreich besucht. Mein Vater _____Tennis _____, meine Mutter _____lange Wanderungen _____, und meine Schwester und ich _____ jeden Tag Bonbons _____ Aber meine Brüder _____keinen Spaß _____ . Mein kleiner Bruder _____ nicht _____ . Er _____ immer nur französisch _____ und _____jeden Abend mit seiner Freundin in Paris _____ Mein großer Bruder _____ Probleme mit seiner Bank _____und _____von mittags bis mitternachts in einem Restaurant _____

3 Competitive life styles

Revising present and perfect tense forms

Complete the sentences – all of them in the present tense. Here's an example:

Wir haben gestern Geschenke gekauft,

und ich kaufe heute Geschenke!

(1) *Nino hat gestern Jazz gespielt,*

und Nico _____ heute Jazz!

(2) *Fritz und Tim haben gestern Englisch gelernt,*

und Felix und Tina _____ heute Englisch!

(3) *Wir haben gestern eine Oper gehört,*

und ich _____ heute eine Oper!

(4) *Ich habe gestern viel Spaß gehabt,*

und wir _____ heute viel Spaß!

(5) *Hanna hat gestern ihre Freundin besucht,*

und Kerstin _____ heute ihre Freundin!

(6) *Wir sind gestern viel gewandert,*

und ich _____ heute viel!

(7) *Anne hat gestern mit ihrer Mutter telefoniert,*

und Steffi _____ heute mit ihrer Mutter!

4 Public notices

Testing comprehension

Answer the following questions:

WIR HEIRATEN

Kornelia Fodor   **Thomas Edelmann**

heute in Stuttgart-Bad Cannstatt

Hallo

Mein Name ist

P. O. M.

Patrick-Oliver Moll

Dank Michi und Jutta habe ich's geschafft, ein Christkind zu werden.

5 Puzzle

Which town?

The first letter of words 1–9 will give you the name of the town. (Clue: it's where the German car manufacturer VW started its first factory.)

(1) *Nico sucht eine _____.* (place to live in)

(2) *Heute ist das Museum _____.* (not closed)

(3) *_____ ist die Hauptstadt von Großbritannien.* (city)

(4) *Stephanie spielt gerne _____.* (many people's favourite sport)

(5) *In Österreich haben wir viel _____ gehabt.* (fun and good times)

(6) *Nico hat zwei _____.* (siblings but not sisters)

(7) *Es ist gleich fünf _____ zwanzig.* (necessary to tell the time)

(8) *Nehmen wir die _____ in die erste Etage.* (lazy locomotion)

(9) *Anna fragt Nico: Hast du _____?* (playmates and irritants)

1							
2							
3	O						
4							
5	S	P	A				
6							
7							
8	R	G	L	L	T	N	G	D	P	E
9							

(1) What's the baby's first name?

----

(2) And the nickname?

----

(3) What's the bridegroom's first name?

----

(4) And the bride's?

----

(5) Where are they getting married?

----

(6) And when?

----

1 Advertisements

Understanding advertisements for accommodation

Various people are seeking accommodation.
Can they all be fixed up? Study what's on offer.
Extra vocabulary:

die Katze	cat
der Raum	area (room)
der Hund	dog
das Herz	heart
das Haus	house
die Wohngemeinschaft	flatshare
der Traum (träumen)	(to) dream
der Apfelbaum	apple tree
das Haustier	pet
nette Mieter	nice tenants

(3)
Wohngemeinschaft sucht 4-Zi.-Wohnung im Raum Wasserburg.
Tel. 0751/ 43562

(a)
1/2-Zimmer-Wohnung Raum Lindau zu vermieten. Keine Kinder.
Tel. 07654/ 21

(2)
3-ZIMMER-WOHNUNG ODER KLEINES HAUS in Wangen gesucht. Unser Hund muß bei uns (2 Personen) bleiben können. Haben Sie ein Herz?
/ 2003

(d)
Raum Lindau: Haus zu vermieten.
Tel. 07563/ 4560

(c)
...angen: Dreizimmerwoh-nung, keine Haustiere.
Tel. 07584/ 21346

(e)
Häuschen mit Garten am Waldsee, nur für Träumer ...
Tel 0731/ 21411

(4)
ICH TRÄUME EINEN TRAUM ... vom kleinen Haus mit Garten und Apfelbaum am See. Haben Sie diesen Traum zu vermieten? Dann rufen Sie an:
Tel. 07527/ 2001

(1)
Familie
mit 2 Kindern (1 Jahr und 4 Jahre) und Katze sucht dringend Haus oder 4-Zimmer-Wohnung im Raum Lindau. Tel. 08382/ 2356

(b)
Nette Mieter gesucht!
Für 5-Zimmer-Wohnung, Raum Wasserburg.
Tel. 07542/ 3428

2 Room search

Practising the most important phrases when looking for a room
Marco wants to find a room. Reconstruct his part of the dialogue with *Herr Moll* following the example.

Marco: Ich rufe wegen des Zimmers an. ____Ist das Zimmer noch frei____ ?

Herr Moll: Ja, es ist noch frei. Ist das Zimmer für sie?

Marco: Ja, für mich._____ ?

Herr Moll: Ziemlich groß, dreißig qm.

Marco: Und_____ ?

Herr Moll: Das Zimmer kostet achthundert DM.

Marco: Aha! Ist das_____ oder _____ ?

Herr Moll: Das Zimmer ist warm.

Marco: _____ ?

Herr Moll: Sie könnten das Zimmer heute abend um halb acht sehen.

Marco: Und_____ ?

Herr Moll: Meine Adresse ist Marktstraße 10.

Marco: _____ ?

Herr Moll: Ja, das ist im Zentrum.

3 To be or to have?

Practising the perfect tense with sein and haben.

To form the past tense, some verbs use *sein*, other use *haben*. Complete the sentences below. All the verb forms you need are in the box.

ist	sind	hat	ist	bist
habe	haben	bin	haben	

(1) Ich_____am zweiten Mai geboren.

(2) Wir_____ mit Anna gesprochen.

(3) _____ du nach Berlin gefahren?

(4) Er _____ins Theater gegangen.

(5) Ich_____ den Film gesehen.

(6) Wir_____mit dem Bus gereist.

(7) Hans_____ in der Stadt groß geworden.

(8) Nico _____eine Wohnung gesucht.

(9) _____ Sie Zeit gehabt?

Now cover up all the final verbs (the past participles) and see how many you can remember.

You might need to look at the box below where they are all listed in a different order.

geworden		gesprochen
geboren	gesehen	
	gesucht	gegangen
gehabt	gereist	gefahren

4 Different words – same meaning

Testing comprehension

Link the sentences with the same meaning.

(1) Wo bist du geboren?   (a) Wann bist du daheim?

(2) Wo bist du aufgewachsen?   (b) Wo sind deine Brüder und Schwestern?

(3) Wann ist dein Geburtstag?   (c) Wo bist du groß geworden?

(4) Wo sind deine Geschwister? (d) Wo ist dein Geburtsort?

(5) Wie ist Ihre Adresse?   (e) Wann bist du geboren?

(6) Wann bist du zu Hause?   (f) Wo wohnen Sie?

5 A portrait

Answering questions about yourself

Study Marika's details and answer the questions with complete sentences.

Name: Marika Mai

Alter: 24

Geburtstag: 3. Juni

Geburtsort: München

Geschwister: Jürgen (19) & Martin (23)

aufgewachsen in: Pfärrich (Dorf) Wangen (Kleinstadt)

Schule: Bus

wie:

(1) Wie heißt du?
   Ich heiße _____

(2) Wie alt bist du?
   Ich_____

(3) Wo bist du geboren?
   _____

(4) Und wann bist du geboren?
   _____

(5) Bist du in der Stadt aufgewachsen?
   _____

(6) Und wie bist du zur Schule gekommen?
   _____

(7) Hast du Brüder oder Schwestern?
   _____

(8) Wie heißen sie?
   _____

(9) Und wie alt sind sie?
   _____

1 Which rooms?

Testing vocabulary

Write in the words for the appropriate places.
For example:

Herr Maier ist in
der Dusche.

(1) Frau Maier arbeitet im

A _ _ _ _ _ _ _ _ _ _ R .

(2) Uwe und Herta schlafen im
S _ _ _ _ _ _ _ _ _ _ R .

(3) Karin badet im
B _ _ _ _ _ _ _ R .

(4) Der Gast ist im
G _ _ _ _ _ _ _ R .

(5) Die Familie ißt im
E _ _ _ _ _ _ R .

(6) Die Kinder sind im
G _ _ _ _ N
und spielen Fußball.

(7) Anna liegt auf dem
B _ _ _ _ N
in der Sonne.

(8) Martin sitzt schon
eine Stunde auf
dem _ _ .

(9) Markus ist in der
K _ _ _ _ E und
macht das Frühstück.

(10) Hanno und Susie tanzen im
W _ _ _ _ _ _ _ _ R .

2 What accommodation?

Practising comprehension

Hans is interviewing Julia, Richard, Anna and Boris about their accommodation. Study the brief, then answer the questions for them. Try and make whole sentences!

Julia has a small detached house with a garden.

Richard and Anna live in a rented flat. It has 1 bedroom, 1 sitting room, 1 workroom, kitchen, WC and bath. The rent is 1200 DM inclusive of heating.

Boris owns a flat. It has a balcony.

(1) **Julia:**

  (a) Hans: Haben Sie ein Haus oder eine Wohnung?
      Julia: Ich_____ .

  (b) Hans: Ist es ein Einfamilienhaus oder
             ein Doppelhaus?
      Julia: _____ .

  (c) Hans: Und haben Sie auch einen Garten?
      Julia: _____ .

(2) **Richard und Anna:**

  (a) Hans: Haben Sie ein Haus oder eine Wohnung?
      R+A: Wir_____ .

  (b) Hans: Ist das eine Mietwohnung?
      R+A: _____ .

  (c) Hans: Wie viele Zimmer haben Sie?
      R+A: _____ .

  (d) Hans: Haben Sie auch einen Balkon?
      R+A: _____ .

(3) **Boris:**

  (a) Hans: Haben Sie ein Haus, ein Apartment oder
             eine Wohnung?
      Boris: _____ .

  (b) Hans: Und ist das Apartment gemietet
             oder gekauft?
      Boris: _____ .

  (c) Hans: Haben Sie auch einen Balkon?
      Boris: _____ .

3 What a small kitchen!

Practising adjectives and exclamations

Turn the sentences into exclamations.
For example:

Die Küche ist klein. ➪ *Welch eine kleine Küche!*
Der Balkon ist schön. ➪ *Welch ein schöner Balkon!*
Das Wohnzimmer ist groß. ➪ *Welch ein großes Wohnzimmer!*

(1) Der Garten ist groß. ➪ *Welch ein _____!*

(2) Das Zimmer ist klein. ➪ *Welch ein _____!*

(3) Die Dusche ist heiß. ➪ *Welch eine _____!*

(4) Das Haus ist billig. ➪ *Welch ein _____!*

(5) Das Bad ist kalt. ➪ *Welch ein _____!*

(6) Die Wohnung ist schön. ➪ *Welch eine _____!*

4 Understanding advertisements

...and practising some adjectives

Study the ads and spot the German equivalents for the following words and phrases:

(1) no Christmas present _____

(2) fridge _____

(3) fruit and vegetables _____

(4) fresh from the farm _____

(5) We are going on holiday. _____

(6) individual holiday houses _____

(7) Who (will) knit me a pullover? _____

(8) driving school _____

(9) Happy Christmas! _____

(10) washing machine _____

(11) Arabian sketches _____

(12) palmistry _____

(13) 8 varieties _____

(14) no panic _____

(15) fresh country eggs _____

(16) holiday flat _____

(17) Help! _____

Frisch vom Bauernhof
Äpfel (8 Sorten), Birnen, Kartoffeln, frische Landeier sowie versch. Schnäpse (auch in dekorativen Geschenkflaschen), Fam. Josef Baumann, Unterwagenbach 1, 88285 Bodnegg. Tel. 07520/2723

OBST UND GEMÜSE
Dom. Rep. Ananas Stück **3.99**
Italienische Endivien Stück **1.29**
Ital. More Orangen 2-kg-Netz **2.99**
Holländischer Chicoree Kilo **3.99**
Ravensburg Gänsbühl 2 (i

Waschmaschine
AEG DM 290.-
Tel. 07563/1793

Kartenlegen Handlesen
Tel. 07305/3794

Wer strickt mir einen Pullover? Tel. 0751/65188

Hilfe, noch kein Weihnachtsgeschenk!!!
Keine Panik - wir haben etwas für Sie. Zwei Eintrittskarten für Musical "Miss Saigon" in Stuttgart am 26.04.96, Preis/St. DM 140.- Tel. ab 19 Uhr 07529/2760

Wir machen Urlaub
vom **24.12.** bis **03.01.**
Dieter **Schwendinger** Vollkornbäckerei

18.05 Arabische Skizzen. Eine Reise von Abu Dhabi ins Sultanat Oman
18.50 Heinz Rühmann liest "Der Wolf und die sieben Geißlein"
19.00 heute; anschl. Wetter (VPs Inter-City spezial. Mosk
19.20 präsentiert von Slava
19.50 Notizen aus dem Au
20.00 Tagesschau

Ferienwohnung im Bregenzerwald
bis 6 Personen von 22.12.-1.1. noch frei Tel. 0043/5579/4016 abends

SPEZIALIST FÜR 6000
Individuelle Ferienhäuser
FRANKREICH inkl. **KORSIKA**
SPANIEN · ITALIEN · PORTUGAL
GRIECHENLAND · DÄNEMARK · SCHWEDEN
NORWEGEN · UNGARN · TSCHECHIEN
SLOWAKEI · FLORIDA · KALIFORNIEN
CHERDO ARMORIC 069/5 48 11 22

Fahrschule Günther Krause wünscht allen Fahrschülern Frohe Weihnachten ✶ und ✶ einen Guten Rutsch ins Neue Jahr!

Kühlschrank
DM 150.-
150 l
Tel. 07563/1793

... and now cover the advertisements and see whether you can remember how to say:
Happy Christmas!/We're going on holiday./holiday flat/no panic/Help!/washing machine/fresh country eggs/Christmas present/driving school

1 Curiouser and curiouser

Question words

Karin wants to know all about Hans. Complete her questions, using all the words from the box.

wie	wann	warum	wie	wieviel/e	wie	
wo	wie	wohin	wie	was	woher	

(1) _____ kommst du?

Ich komme aus Bremen.

(2) _____ fährst du?

Ich fahre nach Berlin.

(3) Und _____ reist du nach Berlin?

Ich reise mit der Bahn.

(4) Aha, _____ kommst du zum Bahnhof?

Mit dem Taxi.

(5) Und _____ bestellst du das Taxi?

Ich rufe die Taxizentrale an.

(6) _____ fährst du ab?

Um 12.30 Uhr.

(7) _____ lange dauert die Reise?

Ich weiß nicht. Vier bis fünf Stunden.

(8) _____ Tage bleibst du in Berlin?

Ich bleibe eine Woche.

(9) Oh! So lange! Und _____ fährst du denn nach Berlin?

Weil ich dort eine Freundin habe.

(10) Aha. Und _____ wohnst du in Berlin?

Bei meiner Freundin.

(11) Oh! _____ heißt deine Freundin?

Sie heißt Anja.

(12) Und _____ ist sie von Beruf?

Von Beruf ist sie Stewardess.

2 Hidden objects

Start a wordsearch. You may either go across, down or diagonally. Altogether you should spot five objects – all key words from unit 11.

P	T	A	S	S	E
N	A	R	G	Z	E
O	S	K	H	E	L
P	C	H	E	L	J
X	H	N	M	T	V
G	E	L	D	R	I

3 Change of plans

Perfect tense

Dieter wants to relax on the island of Rügen and has jotted down his plans on his notepad. But when he gets there, things turn out a little differently. Study his letter to Doris and compare it to his original plan. Underline the differences on the letter. Then compose the letter Dieter would have written to Doris had he stuck to his plans.

Ich möchte das nächste Wochenende auf Rügen verbringen. Von Freitag auf Samstag wohne ich bei einem Freund. Am Samstagmorgen möchte ich eine lange Wanderung mit ihm machen. Samstagnacht will ich zelten. Den Sonntagmorgen möchte ich in einem Café verbringen, Tee trinken und lange frühstücken. Am Nachmittag fahre ich dann auf Rügen umher und schaue mir die Landschaft an. Und am Montag muß ich wieder zurück zur Arbeit!!!!

Liebe Doris,
Ich habe die ganze Woche auf Rügen verbracht. Die ersten drei Tage habe ich bei einem Freund gewohnt und bin mit ihm auf der Insel umhergewandert. Die letzten drei Tage habe ich in einem Hotel geschlafen. Dort habe ich mir jeden Morgen ein großes Frühstück bestellt, und an den Nachmittagen bin ich auf Rügen umhergefahren und habe mir die Landschaft angeschaut. Am Montag bin ich dann wieder zur Arbeit zurückgekommen.
Viele liebe Grüße
Dieter

Ich habe das Wochenende in Rügen verbracht

4 More questions

Adjective endings

Melina is asking Katrin about her holiday. Make up her questions. Here are two examples:

War das ein großes Hotel?
  Ja, das Hotel war groß.
War das ein schöner Urlaub?
  Ja, der Urlaub war schön.

(1) _____?
  Ja, die Reise war lang.
(2) _____?
  Ja, der Zug war schnell.
(3) _____?
  Ja, die Landschaft war schön.

(4) _____?
  Ja, das Hotel war billig.
(5) _____?
  Ja, das Zimmer war nett.
(6) _____?
  Ja, das Essen war gut.
(7) _____?
  Ja, der Service war toll.

5 Lie detector

Comprehension practise

Paul is being queried by Interpol about a mysterious trip. But he is not altogether honest about it. Compare the interview with the details noted down by Interpol. Spot Paul's lies and correct his statements where necessary.

Paul went to Munich
yesterday. He took the 8.55am
bus and got there at 10.05am.
-He'd never been there before.
Took taxi to Oktoberfest
where he met up with
young woman.
- Gave her small parcel &
she gave him a kiss.
- They went into one of the
big beer tents, drank lots
of beer & had good time.

Inspektor: Waren Sie in München?
(1) Paul: Ja.
Inspektor: Und wann genau?
(2) Paul: Letzte Woche.
Inspektor: Sind Sie mit der Bahn gefahren?
(3) Paul: Ja.
Inspektor: Und wann genau?
(4) Paul: Ich bin um fünf vor neun abgefahren.
Inspektor: Morgens oder abends?
(5) Paul: Abends.
Inspektor: Und was haben Sie dann gemacht?
(6) Paul: Ich habe das Oktoberfest besucht.
Inspektor: Wie sind Sie dorthin gekommen?
(7) Paul: Mit dem Bus.
Inspektor: Aha. Und dann?
(8) Paul: Dann habe ich mich mit einer Freundin getroffen.
Inspektor: Und?
(9) Paul: Ich habe ihr einen Kuß gegeben!
Inspektor: Waren Sie auch in einem Bierzelt?
(10) Paul: Ja, wir sind in ein kleines Bierzelt gegangen, aber wir haben kein Bier getrunken. Wir haben nicht viel Spaß gehabt – leider....
Inspektor: Waren Sie schon einmal in München?
(11) Paul: Nein, das war das erste Mal.

1 Bad luck

Practising müssen and dürfen

Uwe is faced with a number of mishaps. What things must he do and what is he not allowed to do? For example:

Angina		Uwe hat Angina.
(a)	Tennis spielen.	Er darf nicht Tennis spielen.
(b)	daheim bleiben.	Er muß daheim bleiben.
(c)	in Urlaub fahren.	Er darf nicht in Urlaub fahren.

(1) Fieber

(a) zur Arbeit gehen. _____

(b) im Bett bleiben. _____

(c) nach Berlin reisen. _____

(2) kein Geld _____

(a) sparen. _____

(b) in die Karibik fahren. _____

(c) viel arbeiten. _____

(3) Zahnschmerzen _____

(a) zu lange warten. _____

b) einen Termin beim Zahnarzt machen. _____

(c) jeden Tag Süßigkeiten essen. _____

(4) zu dick _____

(a) lange Wanderungen machen. _____

(b) immer nur autofahren. _____

(c) Tennis spielen. _____

(5) keine Freunde _____

(a) mehr ausgehen. _____

(b) nur zu Hause herumsitzen und fernsehen. _____

(c) aktiv sein. _____

2 Doctor's words

Practising vocabulary

Fill in the puzzle. The highlighted letters give you a condition accompanying many illnesses.

(1) If you got this sort of cold your nose will be rather runny.
(2) You pay a premium and it insures you against all kinds of risks.
(3) pain
(4) treatment
(5) general word for cold
(6) influenza

3 What a headache

Testing comprehension

Study the doctor's advice on how to prevent and alleviate headaches. Match the German and English phrases.

(1) Präventivmaßnahmen
(2) Entspannen Sie sich vor einer Streßsituation.
(3) Machen Sie regelmäßig Gymnastik.
(4) Bewegen Sie sich viel an der frischen Luft.
(5) Klären Sie Konflikte und Probleme.
(6) Lüften Sie abends Ihr Schlafzimmer.
(7) Trinken Sie nicht zu viel Alkohol.
(8) Bei Beginn der Kopfschmerzer
(9) Legen Sie sich hin, und legen Sie kalte Kompressen auf die Stirn oder den Nacken.
(10) Massieren Sie die Schmerzstelle mit den Fingern.
(11) Trinken Sie eine Tasse kalten Kaffee oder ein Glas Cola.
(12) Machen Sie einen Spaziergang.
(13) Entspannen Sie sich.

(a) Massage the painful part with your fingers.
(b) Relax.
(c) Do not drink too much alcohol.
(d) Drink a cup of cold coffee or a glass of Cola.
(e) Preventative measures
(f) At the beginning of the headache
(g) Go for a stroll.
(h) Relax before a stressful situation.
(i) Clear up conflicts and problems.
(j) Air your bedroom in the evening.
(k) Do regular gymnastics.
(l) Have lots of exercise in the fresh air.
(m) Lie down and lay cold compresses on your forehead and neck.

4 High temperature

Testing comprehension. Translate the speech bubbles in the cartoon.

(1)_____

(2)_____

(3)_____

(4)_____

_____

(5)_____

(6)_____

(7)_____

_____

(8)_____

_____

5 Superdad

Modal verbs

The AOK magazine has done a survey amongst 8–12 year olds about their ideal dad. Study the summary and decide whether the statements originate from a super dud (✘) or a super dad (✔). (Extra vocabulary: *tun* = to do; *schimpfen* = to scold; *schreien* = to shout; *schlagen* = to hit; *der Blödsinn* = nonsense.)

Supervater

Was müssen Männer tun, um tolle Väter zu sein? Das AOK Magazin hat acht- bis zwölfjährige Kinder gefragt, wie ihr idealer Vater aussehen soll.

- *Er soll lieb sein.*
- *Er muß viel mit den Kindern unternehmen.*
- *Er soll Spaß verstehen.*
- *Er darf nicht schimpfen, schreien oder schlagen.*
- *Er muß Zeit für die Kinder haben.*

Auf keinen Fall wollen die Kinder einen Vater, der nie da ist. Der ideale Vater mag gerne knuddeln und Blödsinn machen. Hausaufgaben kontrollieren oder Fahrräder reparieren ist nicht so wichtig. Das sind Dinge, die jeder Vater für seine Kinder tun kann.

(1) *"Ich habe jetzt keine Zeit."*
(2) *"Darf ich mal bitte deine Hausaufgaben sehen?"*
(3) *"Wollt ihr mit in den Zoo gehen?"*
(4) *"Mach bloß keinen Blödsinn!"*
(5) *"Ich muß schon wieder auf eine lange Geschäftsreise."*
(6) *"Ich habe dich sehr lieb!"*
(7) *"Ich kann jetzt nicht mit dir spielen, ich will erst dein Fahrrad reparieren."*

... and finally, a bit of guesswork. Search the German text for the following words:

*(a) brilliant fathers*_____

(b) has asked _____

*(c) the ideal father*_____

*(d) cuddle*_____

*(e) homework*_____

(f) things _____

(g) undertake _____

1 Help!

Comprehension – wollen, sollen, können

Here's an ad from the Weser-Kurier with a somewhat unusual request …

Extra vocabulary: *Gewichts-Abnahme* = weight loss; *abnehmen* = to lose (weight).

> **Welche nette Sportstudentin hilft Manager mit wenig Bewegung, aber viel Erfolg am Schreibtisch, zu sportlichen Aktivitäten (Squash, Jogging etc.)? Alleine kann ich es nicht. Pro Kilo Gewichts-Abnahme 100 DM, bei 10 Kilo 1000 Mark extra.**

Which statements are true?

(1) *Sportstudentin sucht Manager.*
(2) *Manager sucht Sportstudentin.*
(3) *Er treibt viel Sport.*
(4) *Er treibt wenig Sport.*
(5) *Er will Gewicht abnehmen.*
(6) *Sie soll ihm helfen.*

(7) *Er soll ihr helfen.*
(8) *Wenn er 1 Kilo abnimmt, bekommt sie 100 Mark.*
(9) *Wenn er 10 Kilo abnimmt, bekommt sie insgesamt 2000 Mark.*
(10) *Wenn er 10 Kilo abnimmt, bekommt sie insgesamt 1000 Mark.*

2 Sport fanatics

Revising sports vocabulary

In each set of answers there's one noun that doesn't match the verb. Cross it out and find the right verb to go with it.

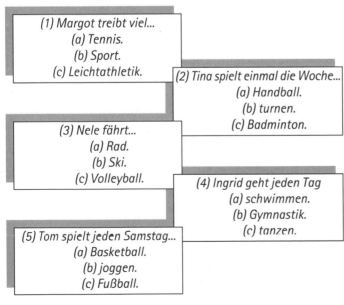

(1) *Margot treibt viel…*
  (a) *Tennis.*
  (b) *Sport.*
  (c) *Leichtathletik.*

(2) *Tina spielt einmal die Woche…*
  (a) *Handball.*
  (b) *turnen.*
  (c) *Badminton.*

(3) *Nele fährt…*
  (a) *Rad.*
  (b) *Ski.*
  (c) *Volleyball.*

(4) *Ingrid geht jeden Tag*
  (a) *schwimmen.*
  (b) *Gymnastik.*
  (c) *tanzen.*

(5) *Tom spielt jeden Samstag…*
  (a) *Basketball.*
  (b) *joggen.*
  (c) *Fußball.*

3 Unspeakable!

Revising key vocabulary

Unscramble the hidden sport words.

(1) *Peter trainiert im RINEEV.*
----
(2) *Hans ist IEDLTIMG in einem Sportklub.*
----
(3) *Katrin liebt UNGPORSTSENDEN im Fernsehen.*
----
(4) *Katja schaut sich nur die MEISSCHTENWELTTERAF im Fernsehen an.*
----
(5) *Die beliebtesten ENRTORPSTA der Deutschen sind Tennis und Fußball.*
----
(6) *Im ALLFUDIUMSSBSTA sind immer viele begeisterte Leute.*
----
(7) *Unsere SCHANNMAFT ist im Moment in Topform.*
----
(8) *Machen Sie mit, werden Sie ITF!*
----

4 Compatibilities

Revising notions of time

Which pairs might make a good match? Not everybody will find a partner though…

Torben: Ich liebe Bergwanderungen und Skifahren – je mehr, desto besser!

Peter: Ich schwimme gerne – aber nicht im Pool!

Marlies: Ich muß jeden Abend zum Jogging gehen.

Ingo: Ich finde Sport langweilig – das ist mir viel zu aktiv!

Isabella: Ich mache am Wochenende immer lange Radtouren.

Andreas: Ich spiele Montag, Mittwoch und Freitag abend Tennis.

Anita: Ich fahre dreimal im Jahr in die Berge – im Winter, im Frühjahr und im Sommer.

Marina: Ich verbringe viel Zeit am Meer, vor allem im Sommer.

Tobias: Ich mache samstags und sonntags gerne Ausflüge – aber nicht mit dem Auto.

Nina: Ich mache am liebsten gar nichts.

5 Comparisons

Revising comparatives and adjectives

Complete the sentences – sometimes you will need the comparative, sometimes just the simple adjective.

Examples: Nino ist jung, aber Nico ist jünger.
             Pia ist stark, aber Tobias ist stärker.

(1) Petra fährt gut Ski, aber Angela fährt _____.

(2) Orangensaft aus der Dose ist _____, aber frisch gepresster Orangensaft ist gesünder.

(3) Ich fahre gerne Rad, aber ich mache _____ lange Wanderungen.

(4) In der Kneipe war es _____, aber auf der Party war es noch lustiger.

(5) Schwimmen ist anstrengend, aber Jogging ist noch _____.

(6) Mein Vater macht viel Sport, aber ich mache noch _____ Sport.

6 Personality test

Understanding questions

Complete the personality test and then check the score.

(1) Sie haben heute nachmittag frei…
    (a) Treffen Sie sich mit einer Freundin zu Kaffee und Kuchen?
    (b) Schauen Sie sich einen Film an?
    (c) Gehen Sie schwimmen?
    (d) Gehen Sie in die Kneipe?

(2) Sie gewinnen 300 Mark …
    (a) Besuchen Sie die Oper und gehen danach schön essen?
    (b) Kaufen Sie sich die beste Karte für ein Fußballspiel?
    (c) Buchen Sie ein Yoga-Wochenende?
    (d) Gehen Sie groß einkaufen?

(3) Sie sind alleine in einer Bar…
    (a) Beginnen Sie einen Flirt?
    (b) Bestellen Sie sich ein Getränk und schauen ins Glas?
    (c) Gehen Sie so schnell wie möglich raus?
    (d) Lesen Sie die Zeitung?

(4) Der Arzt sagt zu Ihnen: "Sie müssen eine Sportart machen."
    (a) Spielen Sie Fußball?
    (b) Gehen Sie reiten?
    (c) Fahren Sie Ski?
    (d) Möchten Sie wandern?

Punktezahl:

	(1)	(2)	(3)	(4)
(a)	4	4	4	4
(b)	2	2	1	3
(c)	1	1	2	3
(d)	3	3	2	1

12–16 Punkte:
Sie sind ein Genießer. Etwas mehr Bewegung würde Ihnen gut tun.

9–12 Punkte:
Sie sind aktiv, dynamisch, aber ein wenig zu hektisch. Sie müssen sich mehr entspannen.

4–9 Punkte:
Sie lieben das ruhige Leben. Manchmal kann es aber dann zu ruhig werden. Gehen Sie mehr unter die Leute!

1 Job description

Practising word order

Florian wants to apply for the job in the ad. But what is he going to write and what is he going to say at the actual interview? Here's an example:

Ich schreibe,
  daß ich Berufserfahrung habe.
  "Ich habe Berufserfahrung!"

(1) _____
  " _____ "

(2) _____
  " _____ "

(3) _____
  " _____ "

(4) _____
  " _____ "

(5) _____
  " _____ "

(6) _____
  " _____ "

(7) _____
  " _____ "

JUNG UND DYNAMISCH?

AUF DER SUCHE NACH EINEM NEUEN JOB?

KOMMEN SIE ZU UNS!

WIR BIETEN IHNEN EIN SYMPATHISCHES ARBEITSKLIMA IN DER WELT DER MEDIEN...

Schreiben Sie uns ...
wenn Sie Berufserfahrung haben.
wenn Sie einen dynamischen Job suchen.
wenn sie sympathisch und attraktiv aussehen.
wenn sie modern, flexibel und.
menschlich arbeiten wollen
wenn Sie mit Freude bei der Arbeit sind.
wenn Sie viel Initiative haben Senden.
Sie uns ihre Kurzbewerbung ...

INITIATIVE ...
DAS MAGAZIN AM BODENSEE

Florian has now got his job and is full of good intentions. Write them down for him, starting from sentence 2: *Ich werde einen dynamischen Job suchen.* _____

_____

_____

_____

2 Compounds galore

Practising vocabulary

Pair the words into compound nouns – don't forget to include the appropriate articles. You should find at least ten compounds. For example: *die Geburt + das Datum ⇨ das Geburtsdatum**
(*Note that the 's' has been added for greater ease of pronunciation.)

GRAFIK   ~~DATUM~~   FERN   ZEIT

KUNST   ERFAHRUNG   FREI   ABTEILUNG

GESPRÄCH   BILDUNG   GESPRÄCH

FERN   AKADEMIE   KUNST   SCHULE

FORT   BILDUNG   SCHULE   SEHEN

BERUF(S)   VORSTELLUNG(S)   ~~GEBURT(S)~~

_____   _____

_____   _____

_____   _____

_____   _____

_____   _____

_____   _____

36

3 Things to do

Testing comprehension

There's quite a range of activities on offer. But who's doing what? Match the statements with the advertisements.

(1) **Dreams**
Begleit-Agentur
...für den Geschäftsmann
mit gehobenen Ansprüchen
- keine Zimmerbesuche -
Tel.: (01 72) 3 49 81 39
tägl.: 16.00 bis 22.00 Uhr

(2) Domstift Naumburg
Dombesichtigung
3,50 DM
№ 228416

(3) **INTERMEZZO**
Blind-Date-Agentur
für Freizeit & Reisen
Tel. 08382 / 88 83 77
Postfach 64 · 88142 Wasserburg
✿ KEINE PARTNERVERMITTLUNG ✿

(4) **Honeymoon**
Das besondere Geschenk für die
Hochzeit: Ein Honeymoon-Konto.
So kann jeder Ihrer Hochzeits-
gäste etwas zu Ihrer Traumreise
für die Flitterwochen beitragen.

(a) *Wir werden den Dom besichtigen.*

(b) *Sie wird alleine auf Reise gehen und vielleicht mit einem Freund zurückkommen.*

(c) *Ich werden eine charmante Begleiterin für den Abend buchen.*

(d) *Sie werden 200 Mark in ein besonderes Konto einzahlen, so daß ihre Freunde eine schöne Reise machen können.*

4 An important occasion

Revising vocabulary

Adam has a romantic date coming up and has drawn up a plan of action to prepare himself.

FREITAG

morgens: Anzug borgen, Schlips kaufen, Friseur, Haare waschen und schneiden lassen

Nachmittags: joggen, Sauna

abends: Schuhe putzen, warmes Bad, früh ins Bett

SAMSTAG

morgens: früh aufstehen, Gymnastik, kalte Dusche

mittags: Werkstatt anrufen, Auto abholen

abends:

Help him recap the sequence and complete the text.

Am Freitag borge _____ mir_____ Anzug, dann _____
ich _____ Schlips. Als nächstes gehe _____ zum
F_____ und_____ mir die H_____ w_____
und s_____. Nachmittags gehe _____ j_____
und_____ _____ Sauna. Abends muß ich meine _____
p_____. Dann n_____ich ein _____ B_____
und_____ früh ins B_____. Samstag_____ich_____
auf. Ich m_____ G_____ und nehme anschließend
eine_____ D_____. Mittags _____ich die_____
an und h_____ dann das Auto_____.

5 Schülerwitze – a taste of German humour

Match the jokes with their punchlines and translate them.

(1) *In der Schule sagt Hänschen: "Ich weiß schon, wie man Kinder macht."*

(a) *"Ja, sie spielen Fußball und fahren dicke Autos!"*

(b) *"Nein, aber vor meinen Antworten!"*

(c) *"Weil ich so schlecht englisch kann."*

(d) *"Ja, ich weiß."*

(2) *"Ich bin froh, daß ich nicht in England geboren bin", sagt Sabine. "Warum?", fragt die Lehrerin.*

(5) *"Du hast schon wieder nichts gearbeitet", schimpft der Lehrer. "Weißt du, was aus solchen Kindern später wird?"*

(4) *"Ich habe dich gestern auf der Straße getroffen, aber du hast mich nicht gesehen", sagt der Direktor zum Schüler.*

(3) *Der Lehrer sagt zum Studenten: "Sie sehen so blaß aus. Haben Sie Angst vor meinen Fragen?"*

(e) *"Ätsch", macht Kurtchen, "und ich weiß schon, wie man sie nicht macht!"*

1 Social disgrace

Testing your social skills
Which response doesn't fit? There's one gaffe in each threesome.

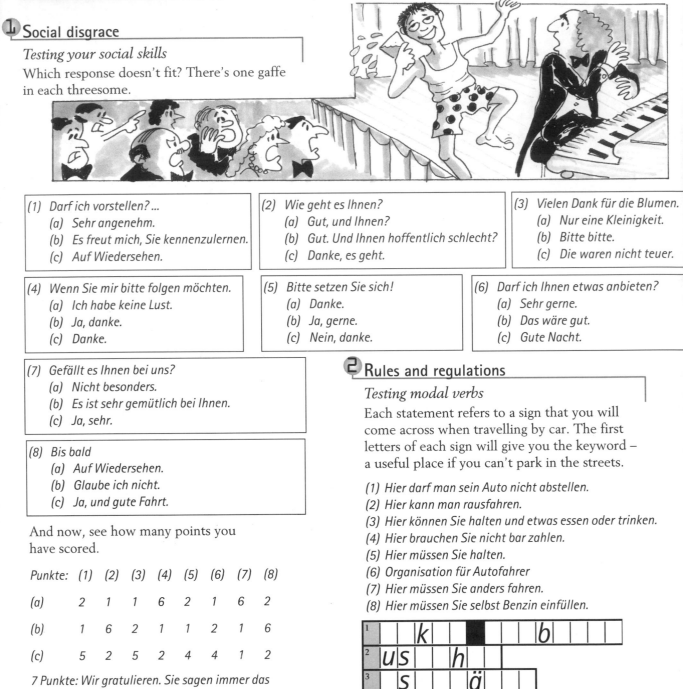

(1) *Darf ich vorstellen? ...*
   (a) *Sehr angenehm.*
   (b) *Es freut mich, Sie kennenzulernen.*
   (c) *Auf Wiedersehen.*

(2) *Wie geht es Ihnen?*
   (a) *Gut, und Ihnen?*
   (b) *Gut. Und Ihnen hoffentlich schlecht?*
   (c) *Danke, es geht.*

(3) *Vielen Dank für die Blumen.*
   (a) *Nur eine Kleinigkeit.*
   (b) *Bitte bitte.*
   (c) *Die waren nicht teuer.*

(4) *Wenn Sie mir bitte folgen möchten.*
   (a) *Ich habe keine Lust.*
   (b) *Ja, danke.*
   (c) *Danke.*

(5) *Bitte setzen Sie sich!*
   (a) *Danke.*
   (b) *Ja, gerne.*
   (c) *Nein, danke.*

(6) *Darf ich Ihnen etwas anbieten?*
   (a) *Sehr gerne.*
   (b) *Das wäre gut.*
   (c) *Gute Nacht.*

(7) *Gefällt es Ihnen bei uns?*
   (a) *Nicht besonders.*
   (b) *Es ist sehr gemütlich bei Ihnen.*
   (c) *Ja, sehr.*

(8) *Bis bald*
   (a) *Auf Wiedersehen.*
   (b) *Glaube ich nicht.*
   (c) *Ja, und gute Fahrt.*

And now, see how many points you have scored.

Punkte:	(1)	(2)	(3)	(4)	(5)	(6)	(7)	(8)
(a)	2	1	1	6	2	1	6	2
(b)	1	6	2	1	1	2	1	6
(c)	5	2	5	2	4	4	1	2

7 Punkte: Wir gratulieren. Sie sagen immer das Richtige!
8–16 Punkte: Auch Sie können höflich sein! Manchmal machen Sie aber auch einen Faux Pas!
17–26 Punkte: Diplomatie ist nicht Ihre Stärke! Manchmal ist es besser, wenn Sie gar nichts sagen.
27–41 Punkte: Oh weh!
42 Punkte: Katastrophe!

2 Rules and regulations

Testing modal verbs
Each statement refers to a sign that you will come across when travelling by car. The first letters of each sign will give you the keyword – a useful place if you can't park in the streets.

(1) *Hier darf man sein Auto nicht abstellen.*
(2) *Hier kann man rausfahren.*
(3) *Hier können Sie halten und etwas essen oder trinken.*
(4) *Hier brauchen Sie nicht bar zahlen.*
(5) *Hier müssen Sie halten.*
(6) *Organisation für Autofahrer*
(7) *Hier müssen Sie anders fahren.*
(8) *Hier müssen Sie selbst Benzin einfüllen.*

3 Private detective

Revising past tenses

This is what *Herr Naseweis* wrote about Dieter's movements yesterday.

Heute besucht Dieter Karins Eltern. Sie wohnen in einem Apartment in Köln. Karin kommt nicht mit. Sie hat Urlaub und ist auf die Kanarischen Inseln gefahren. Dieter bringt ihren Eltern Blumen mit und sie freuen sich sehr. Am Nachmittag gibt es Kaffee und Kuchen. Es ist so gemütlich, daß Dieter zum Abendessen bleibt. Das Essen schmeckt sehr lecker.

The next day, Dieter is being asked about his movements. Answer for him in whole sentences – and be truthful! Follow the example.

Was haben Sie gestern gemacht?
Ich habe Karins Eltern besucht.
In welcher Stadt wohnen sie?
(1) _____
Haben sie ein Haus oder eine Wohnung?
(2) _____
Haben Sie ihnen etwas mitgebracht?
(3) _____
Wie haben sie reagiert?
(4) _____
War Karin auch mit?
(5) _____
Warum nicht?
(6) _____
Und wo macht sie Urlaub?
(7) _____
Was haben Sie am Nachmittag gemacht?
(8) _____
Wie war die Atmosphäre?
(9) _____
Sind Sie zum Abendessen geblieben?
(10) _____
Und wie war das Essen?
(11) _____

4 Motoring language

Testing comprehension

Match up the phrases and translate them.

(1) *Ich zahle...*	(a) *bitte unterschreiben.*
(2) *Wollen Sie hier...*	(b) *mit Kreditkarte.*
(3) *Prüfen Sie bitte die...*	(c) *Batterie.*
(4) *Und können Sie das...*	(d) *Mark alles zusammen.*
(5) *Geben Sie...*	(e) *Öl und Wasser prüfen.*
(6) *Das macht neunzig...*	(f) *volltanken.*
(7) *Bitte...*	(g) *mir Benzin für achtzig Mark.*

----

5 Different phrases – same meaning

Testing comprehension

Pair the sentences that have the same meaning. But be careful, there are five mavericks that don't match!

(1) *Es ist sehr gemütlich bei Ihnen.*
(2) *Ich bin in wenigen Minuten wieder da.*
(3) *Ich komme sofort zurück.*
(4) *Das Essen ist lecker.*
(5) *Ich gehe sofort weg.*
(6) *Darf Ich Ihnen ein Glas Wein anbieten?*
(7) *Das Essen schmeckt gut.*
(8) *Prost!*
(9) *Wie wär's mit einem Glas Wein?*
(10) *Bei mir ist es sehr gemütlich.*
(11) *Ich brauche Benzin.*
(12) *Ich bin gerne hier bei Ihnen.*
(13) *Ich habe kein Geld.*
(14) *Es freut mich, Sie kennenzulernen.*
(15) *Sehr angenehm.*
(16) *Ich möchte Sie gerne treffen.*
(17) *Ich muß tanken.*
(18) *Bleifrei oder verbleit?*
(19) *Ich bin pleite.*

1 No socks for Christmas

Understanding key points in a text

According to a survey, certain Christmas presents bring the average German little joy. Which statements are true or false – *richtig (R) oder falsch (F)?* (Extra vocabulary: *unbeliebt =* unpopular; *notwendig = necessary; die Seife =* soap; *der Baum =* tree.)

	R	F
Welche Geschenke für Weihnachten?	☐	☐
(1) Die meisten Deutschen mögen Socken und Küchengerate.	☐	☐
(2) Bei den Frauen sind Mixer, Eierkocher und Teemaschinen besonders unbeliebt.	☐	☐
(3) Parfüm und Seife möchten alle Frauen gern zu Weihnachten haben.	☐	☐
(4) Die Männer wollen keine Socken zu Weihnachten.	☐	☐
(5) Aber Schlipse sind bei den Männern immer willkommen.	☐	☐
(6) Die meisten Leute glauben, zum Weihnachtsfest gehört ein Tannenbaum.	☐	☐
(7) Auch Geschenke sind wichtig.	☐	☐
(8) Weihnachtslieder sind nicht so wichtig.	☐	☐

Romantisches Fest möglichst ohne Socken und Mixer

Socken und Küchengeräte sind die unbeliebtesten Geschenke bei den Deutschen.

In einer Umfrage ist zu lesen, daß 41% der Frauen keine Weihnachtsgeschenke wie Mixer, Eierkocher und Teemaschinen mögen.

Auf Platz zwei der Negativliste sind Parfüm und Seife (16%). Bei den Männern sind Socken (31%) und Schlipse (20%) besonders unbeliebt. 79% finden, daß ein Weihnachtsbaum zum Fest gehört, 57% meinen, daß Geschenke wichtig sind, und 52% sagen, daß Weihnachtslieder notwendig sind.

2 Preparations for the party

Separable verbs – perfect and present tense – pronouns

Max has promised to organise a party - but he's a bit of a procrastinator, so Ulli needs to prod him…
(Extra vocabulary: *der Abfall =* rubbish)
Example:

Ulli: Hast du die Gläser schon mitgebracht?
Max: Nein, ich bringe sie morgen mit.   *(morgen)*

(1) Ulli: Hast du schon den Wein eingekauft?
   Max:_____(morgen abend).

(2) Ulli: Hast du schon deine Schwester eingeladen?
   Max:_____(morgen).

(3) Ulli: Hast du schon deine Mutter angerufen?
   Max:_____(heute abend).

(4) Ulli: Ist deine Freundin schon angekommen?
   Max:_____(heute mittag).

(5) Ulli: Hast du schon das Essen abgeholt?
   Max:_____(morgen früh).

(6) Ulli: Hast du schon den Abfall mitgenommen?
   Max:_____(nach dem Essen).

3 Job market

Understanding adverts

See whether you can find suitable vacancies for the job seekers. And where might the unemployed go for a bit of socializing?

ARBEITSUCHE

(1) Junger Mann mit eigenem Auto sucht Arbeit, gleich welcher Art.

(2) Suche Nebenjob für zuhause.

(3) Junge Frau, 29 Jahre, sucht Arbeit und Neuanfang in Freiheit.

(4) Wer sucht stundenweise Babysitter? Bin gelernte Kinderkranken schwester.

(5) Zuverlässiger Germanistik-Student, 22 Jahre, mit PC-Kenntnissen, sucht Nebenjob.

(6) Holzhandwerker, 52 Jahre, sucht teils sitzende, teils stehende Tätigkeit.

(7) Poet ... Ich dichte für Sie, für alle Situationen…

(8) Suche Arbeit in der Küche, Mo-Fr zwischen 8 und 14 Uhr.

ARBEITSANGEBOTE

(a) Abendtreff für Arbeitslose! Jeden Donnerstag ab 16 Uhr.

(b) Frühstückstreff für Arbeitslose. Jeden Mittwoch von 10-12 Uhr.

(c) Perle, jeden Morgen, für Kuchenarbeit gesucht. Wochenende frei!

(d) Au-Pair-Stelle Auch stundenweise, für kinderliebe Frau.

(e) PKW-Besitzer Abends Geld verdienen, vielleicht mehr, als Sie am Tag ausgeben.

(f) Lektor/in Wir suchen jemanden, der einmal im Monat die SZENE TOTAL Korrektur liest.

(g) Wer strickt mir einen Pullover?

and now try and find the German words for…

(f) new beginning _____

(g) breakfast meeting _____

h) unemployed _____

(i) freedom _____

(j) to knit _____

(k) to earn money _____

4 The little words

Practising prepositions and und

Complete the sentences by choosing the right words from the box.

am	ab	vor	und	zu	zum
	in		beim		zum

Helen: _____1_____September arbeite ich_____2_____der Grafikabteilung!

Peter: Prima! Herzliche Glückwünsche_____3_____ neuen Job!
Hattest du Angst_____4_____dem Vorstellungsgespräch?

Helen: Ja. Ich hatte Angst _____5_____ ich hatte Zahnschmerzen!

Peter: Oh! Warst du schon_____6_____Zahnarzt?

Helen: Ja, heute morgen bin ich_____7_____ Zahnarzt gegangen.

Peter: Gut. Also, ich gratuliere dir noch einmal _____8_____ deiner neuen Stelle.

Helen: Ja, danke, ich freue mich!

Peter: Und worüber freust du dich_____9_____meisten?

5 Matching meanings

Testing comprehension
Find the odd one out

(1) Viel Glück im neuen Job.
(2) Alles Gute in der neuen Stelle.
(3) Viel Arbeit bei der neuen Stelle.

(4) Ich gratulieren Ihnen zum Geburtstag!
(5) Viel Pech zu Ihrem Geburtstag!
(6) Herzliche Glückwünsche zum Geburtstag!

(7) Zum Wohl!
(8) Toi toi toi!
(9) Ich drücke dir die Daumen!

(10) Ich muß auf der Stelle zum Chef.
(11) Ich muß gleich zumChef gehen.
(12) Ich muß später zum Chef.

(13) Seien Sie so nett und gehen Sie mit mir!
(14) Bitte folgen Sie mir!
(15) Bitte gehen Sie weg!

1 Scrambled breakfast

Revising breakfast words

Unscramble the breakfast orders and write them down.

(1) Ich hätte gerne eine SATSE EEFFKA und ein ISSORCNAT!

---

(2) Haben Sie NCOTRKÄKEB und MMEEDLOANRGNEARA?

---

(3) Ich möchte ein ÄNNKECHN ETE, zwei ÖBRCHTNE und ein IE!

---

(4) Gibt es OSTAT mit NKNECHSI und KSEÄ?

---

(5) Für mich ein SLGA OGNRANETAFS und einen GTHOJUR!

---

(6) Ich möchte zwei IECHSNEB ZAWCSHRROTB mit TTUBRE!

---

(7) Und ich hätte gerne ein LIÜMS mit LIMCH, bitte.

---

2 Liquid delights

Testing descriptions

Guess what drinks the clues are referring to. (The letters in the highlighted boxes will give you the name of a famous German grape variety.)

(1) Es hat keine Farbe und keinen Geschmack und ist lebenswichtig.

(2) das beliebteste Getränk der Deutschen

(3) Ohne Milch und Zucker ist er schwarz und bitter.

(4) der kleinere Bruder des Champagners

(5) Sie ist weiß, voller Vitamine und sehr gesund.

(6) Er ist rot, weiß oder rosa, hat Alkohol und wird aus Trauben gemacht.

(7) Sie ist weiß und süß und hat viele Kalorien.

(8) Viele Leute trinken ihn zum Frühstück. Er ist goldgelb und schmeckt besonders frisch gepresst.

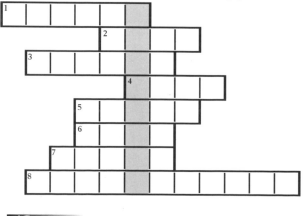

3 Wines and foods – a compatibility guide

Testing comprehension

Which wines go with which foods?

> Kabinettweine und Sekt kann man gut vor dem Essen servieren, weil sie den Appetit stimulieren. Einen Mosel-Riesling hingegen kann man mit dem Essen trinken. Der aromatische Gewürztraminer läßt sich gut mit starken Käsegerichten kombinieren. Elegante und vollmundige Spätlese und Ausleseweine schmecken besonders gut zum Nachtisch. Beeren- und Trockenbeerenauslese sind selbst ein Nachtisch, und Eisweine sind eine ganz besondere Spezialität.

(1) Kabinett

(2) Beerenauslese

(3) Eiswein

(4) Mosel-Riesling

(5) Spätlese

(6) Auslese

(7) Gewürztraminer

(8) Sekt

(9) Trockenbeerenauslese

(a) combines well with cheese dishes

(b) excellent appetiser

(c) goes well with desserts

(d) is a dessert in itself

(e) a very special treat

(f) to be drunk with the meal

4 Choice pieces...

Practising cake words

The bits below make up six delicious types of cake and gateau.

Him	beer		Kä	fel	chen
tor		te			
ku	Ap		chen	chcr	
Mar		se			
tor	te			mor	chen
	ku		ku		
Mohn	Sa				tor
		te			

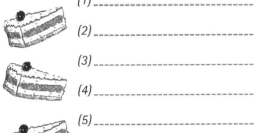

(1) _____

(2) _____

(3) _____

(4) _____

(5) _____

(6) _____

5 What can you say?

Testing comprehension and vocabulary

For each English expression, there are at least two German phrases in the list. Connect them – but be careful, some phrases don't fit.

(a) Mögen Sie Sahnetorte?

(3) Gateau is my favourite food.

(2) What can I get you?

(1) Enjoy your meal!

(e) Was hätten Sie gern?

(b) Möchten Sie zu der Torte Sahne?

(i) Hallo!   (j) Prost!

(k) Essen Sie die Torte mit Sahne?

(g) Am liebsten esse ich Torte.

(l) Zum Wohl!

(m) Möchten Sie bezahlen?

(4) Would you like cream with the gateau?

(5) Cheers!

(h) Was darf ich Ihnen anbieten?

(c) Torte esse ich am liebsten.

(f) Lassen Sie sich's gut schmecken!

(d) Ich wünsche Ihnen guten Appetit!

6 Cafés and wine bars

Testing gist comprehension

Here's an extract from a guide on cafés and wine bars in Cologne.

(1) Am Berlich
Kaffce und Kuchen mit Dschungelatmosphäre: Affen im Käfig, Papageien auf der Stange zwischen tropischen Pflanzen. Mo-Sa 8.30-19 Uhr; So und feiertags 12-19 Uhr.

(2) Reiss'l
Im Keller lagern rund hundert Weinsorten, auch aus Kalifornien und der Schweiz. Lecker sind dazu Aufschnittplatten und Pasteten. Tgl. 19-1 Uhr.

(3) Edith's Weintafel
Jeden Monat werden Weine aus einem anderen Anbaugebiet angeboten. Gemütlich. Mo-Fr 18-1 Uhr; Sa und So 19-1 Uhr.

(4) Fassbender
Ein Tip für Tortenfreunde und Tortenfreundinnen: Diese Familie macht seit 80 Jahren die besten Torten! Mo bis Fr 8-18.30 Uhr; Sa 8-18 Uhr; So 10-18 Uhr.

(5) Im Walfisch
Hier gibt es von Zeit zu Zeit Weinseminare – aber einen guten Wein bekommt man immer! Schönes Altstadt-Lokal aus dem 17. Jahrhundert. Mo-Fr 12-15 Uhr und 18-1 Uhr; Sa 18-1 Uhr.

(6) Reichard
Blick auf den Dom und den Domplatz. Beste Plätze im Glaspavillon oder auf der Terrasse. Beste Kuchen und Torten. Tgl 8.30-20 Uhr.

And here are some people who want to sample some of those cafés and wine bars. Where could they go?

(a) Wir möchten von unserem Kaffeetisch den Dom sehen!

(b) Ich möchte jeden Monat einen Wein aus einem anderen Anbaugebiet probieren!

(c) Ich will mehr über Weine wissen!

(d) Ich will meinen Tee in einer exotischen Atmosphäre trinken!

(e) Ich möchte auch mal einen kalifornischen Wein trinken.

(f) Und wir möchten ein Café mit Tradition besuchen!

And now, go back to the original extract and find the German equivalents for the following words.

(a) view of the dome _____

(b) old town pub _____

(c) jungle atmosphere _____

(d) cake lovers (male and female)

_____

(e) monkeys _____

(c) best places (seats) _____

(g) century _____

(h) terrace _____

(i) parrots _____

(j) plants _____

1 Messages on the answerphone

Understanding and leaving messages

Imagine you heard this message on an answerphone. Read it a few times until you feel familiar with its contents. Then write down the most important points in English below.

> *Guten Tag, mein Name ist Schöllhorn – Hans Schöllhorn. Ich habe eine dringende Nachricht für Herrn Backe. Es geht um den Termin am Dienstag. Ich kann leider um fünfzehn Uhr nicht kommen, weil ich eine andere wichtige Besprechung habe. Könnten wir den Termin vielleicht auf Donnerstag sechzehn Uhr verlegen? Bitte rufen Sie mich zurück. Meine Rufnummer lautet 345 661.*

(1) Message for_____

(2) Message from _____

(3) Urgent?_____

(4) It's about the meeting on_____

(5) He can't come because _____

(6) He wants to_____

(7) Could you please_____

And now, it's your turn to leave an urgent message on an answerphone, following the model above.

> Your name is Ina Runde, and the message is for Frau Heller. It's about the dinner on Wednesday. You can't come because your small daughter is ill. But you hope to see her at the weekend.

2 Phonecards in Germany

Completing a narrative

Hans has had some trouble finding a coin-operated phonebox in Germany. He did not have a phonecard. Here's his story – but some crucial words are missing. Fill in the gaps.

kaputt	Fernsprecher	bargeldlos
anrufen	Telefonkarte	Münzen
Münzfernsprecher	stecken	Telecom-Geschäft

In Deutschland ist es immer schwieriger, ohne____(1)_____ zu telefonieren. Vor kurzem war ich in Frankfurt und wollte dort eine Freundin____(2)_____ . Erst hatte ich keine passenden ____(3)_____ und mußte erst mal Kleingeld holen. Dann mußte ich endlos suchen, bis ich einen _____(4)_____ gefunden hatte, und als ich endlich einen fand, war er _____(5)_____ . Schließlich ging ich in ein _____(6)_____. Der Verkäufer dort sagte mir, daß die meisten Deutschen _____(7)_____ telefonieren. "Das ist viel einfacher", sagte er. "Sie_____(8)_____ Ihre Telefonkarte in den _____(9)_____ , und dann können Sie telefonieren, so lange Sie wollen."

3 A linguistic special

Testing understanding

This excerpt from a Marco Polo guide book tells you about 'Kölsch', a special lingo spoken in Cologne. Some facts are incorrect in the English translation. You should spot five altogether.

Kölsch für Nichtkölner

Wählen Sie doch mal die 1 15 10 und hören zu. Sie verstehen nichts? Der Mann kann kein "g" aussprechen und auch kein "ch"? Der Mann spricht Kölsch. Sie haben die Nummer vom Literatur-Telefon gewählt, und da werden oft Texte auf Kölsch vorgelesen. Natürlich können Sie auch einfach mit der Straßenbahn fahren oder auf dem Wochenmarkt einkaufen. Da sprechen die Leute Kölsch.

Kölsch for Non-Colognians

Why don't you dial 11510 and listen. You understand? The woman can't pronounce "g" but can pronounce "ch" ? This man speaks Kölsch. You've dialled the number of the literature-telephone, and there texts are often read out in Kölsch. Of course you can also take a taxi or go shopping in the supermarket. There the people speak Kölsch.

④ Telephone language

Revising keywords

Complete the German phrases and match them with the translations.

(1) Da meldet sich _ _ _ _ _ _ _ _!

(2) Das geht in _ _ _ _ _ _ _ _.

(3) Kann ich ihr etwas _ _ _ _ _ _ _ _ _ _ _ _?

(4) Sie ist auf _ _ _ _ _ _ _ _ _ _ _ _ _.

(5) Ich hätte gerne Herrn Dill _ _ _ _ _ _ _ _ _ _ _?

(6) Er ist in einer _ _ _ _ _ _ _ _ _ _ _!

(7) Könnte ich eine _ _ _ _ _ _ _ _ _ hinterlassen?

(8) Ich habe das nicht richtig _ _ _ _ _ _ _ _ _ _?

(9) Können Sie das bitte _ _ _ _ _ _ _ _ _ _ _?

(10) Könnten Sie mich mit Frau Wolf _ _ _ _ _ _ _ _?

(a) Could you repeat that please!

(b) I did not understand this properly.

(c) Could you put me through to Ms Wolf.

(d) He's in a meeting.

(e) That's ok!

(f) She's on a business trip.

(g) Could I leave a message?

(h) There's no answer.

(i) Can I give her a message?

(j) I'd like to speak to Mr Dill.

⑤ And finally, a poem

Testing gist comprehension

Study the last four stanzas of *"Die Heimkehr"* (the homecoming), a famous German song by Heinrich Heine. It's about the Lorelei, a beautiful but dangerous Rhine nymph. Match the pictures with the ryhmes. See whether you can translate them.

(Extra vocabulary: *Jungfrau* = Mädchen; *Geschmeide* = Schmuck, Juwelen; *kämmen* = to comb; *wundersam* = wunderbar; *gewaltig* = groß; *Melodei* = Melodie; *Schiff/Kahn* = boat; *Schiffer* = Mann im Schiff; *ergreifen* = to grip; *Felsenriffe* = rocky reefs; *Wellen* = waves; *verschlingen* = to devour)

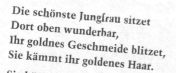

Die schönste Jungfrau sitzet
Dort oben wunderbar,
Ihr goldnes Geschmeide blitzet,
Sie kämmt ihr goldenes Haar.

Sie kämmt es mit goldenem Kamme
Und singt ein Lied dabei,
Das hat eine wundersame,
Gewaltige Melodei.

Den Schiffer im kleinen Schiffe
Ergreift es mit wildem Weh;
Er schaut nicht die Felsenriffe,
Er schaut nur hinauf in die Höh'.

Ich glaube, die Wellen verschlingen
Am Ende Schiffer und Kahn;
Und das hat mit ihrem Singen
Die Lorelei getan.

1 Who's industrious ?

German idioms
Identify the busy bees. (Clue: they're in the minority.)

Tina macht immer wieder einen blauen Montag.

Hans rührt keinen Finger.

Erich arbeitet für zwei.

Paul sagt: "Komm ich heute nicht, komm ich morgen."

Friederike legt die Hände in den Schoß.

Angelika ist ein richtiges Arbeitstier.

Monika läßt Gott einen guten Mann sein.

Tobias geht der Arbeit aus dem Weg.

Karin findet, Arbeit macht das Leben süß.

2 Dithering

Angela has a small daughter and does not know what to do. Should she go back to work or continue to look after her daughter full time? Study her letter to a women's magazine. What options is she considering? Fill in the gaps.

Feierabend	Kinderkrippe	Hause	Wochenende	Gleitzeit	Büro

FRAGEN SIE FRAU INGRID

Zurück zur Arbeit oder nicht?

Frau Lisa W. aus Berlin:

Meine Tochter Lena ist 2 Jahre alt. Ich bin alleinerziehend, und ich weiß nicht, wie mein Leben weiter gehen soll. Ich habe so viele Fragen! Ich hoffe, Sie finden die Antworten. Hier sind die wichtigsten Fragen:

Soll ich mich selbst um Lena kümmern, oder soll ich sie in eine_____(1)_____geben? Soll ich in der Fabrik arbeiten, oder im_____(2)_____? Die Fabrik ist um die Ecke, das Büro ist weiter weg. Soll ich montags bis freitags arbeiten, oder am_____(3)_____? Soll ich feste Arbeitszeiten haben, oder lieber_____(4)_____? Soll ich bis spät am Abend arbeiten, oder schon früh _____(5)_____machen? Soll ich überhaupt eine Stelle suchen, oder vielleicht doch lieber zu _____(6)_____bleiben?

3 Jobsearch

Clever guesses

Find the German equivalents.

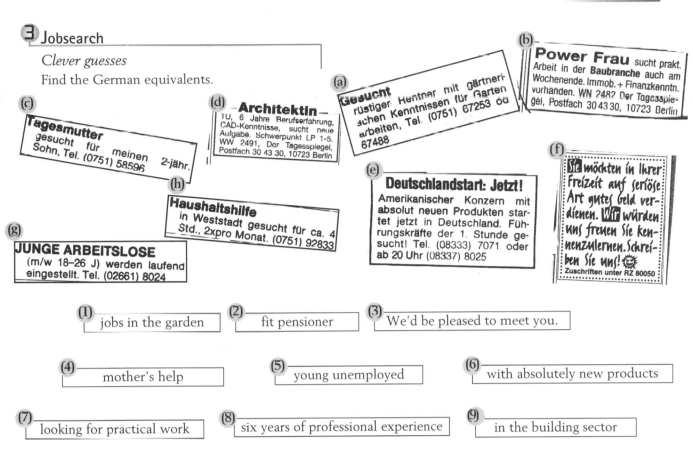

(a) **Gesucht** rüstiger Rentner mit gärtnerischen Kenntnissen für Garten arbeiten, Tel. (0751) 67253 od 67488

(b) **Power Frau** sucht prakt. Arbeit in der **Baubranche** auch am Wochenende. Immob. + Finanzkenntn. vorhanden. WN 2482 Der Tagesspiegel, Postfach 30 43 30, 10723 Berlin

(c) **Tagesmutter** gesucht für meinen Sohn, Tel. (0751) 58596 2-jähr.

(d) **Architektin** TU, 6 Jahre Berufserfahrung, CAD-Kenntnisse, sucht neue Aufgabe. Schwerpunkt LP 1-5. WW 2491, Der Tagesspiegel, Postfach 30 43 30, 10723 Berlin

(e) **Deutschlandstart: Jetzt!** Amerikanischer Konzern mit absolut neuen Produkten startet jetzt in Deutschland. Führungskräfte der 1. Stunde gesucht! Tel. (08333) 7071 oder ab 20 Uhr (08337) 8025

(f) Sie möchten in Ihrer Freizeit auf seriöse Art gutes Geld verdienen. Wir würden uns freuen Sie kennenzulernen. Schreiben Sie uns! ☺ Zuschriften unter RZ 80050

(g) **JUNGE ARBEITSLOSE** (m/w 18–26 J) werden laufend eingestellt. Tel. (02661) 8024

(h) **Haushaltshilfe** in Weststadt gesucht für ca. 4 Std., 2xpro Monat. (0751) 92833

(1) jobs in the garden

(2) fit pensioner

(3) We'd be pleased to meet you.

(4) mother's help

(5) young unemployed

(6) with absolutely new products

(7) looking for practical work

(8) six years of professional experience

(9) in the building sector

4 Daily routines

Testing vocabulary and simple past

Here is a letter Anita wrote a few years ago about the division of labour in her household.
Fill in the gaps with the appropriate verbs.

bringe	gehe	mache	koche	bügelt	staubsauge	teilen	putzt	arbeite	macht	hole	bringt

Am Samstag ist immer der große Haushaltstag. Mein Mann und ich _____(1)_____ uns die Arbeit.

Ich _____(2)_____ die Wohnung, mein Mann _____(3)_____ das Badezimmer. Er _____(4)_____

die Betten. Dann _____(5)_____ ich einkaufen. Ich _____(6)_____ die Wäsche, aber er_____(7)_____

sie dann. Während der Woche ist es anders. Da_____(8)_____ ich viel mehr als mein Mann. Ich_____(9)_____jeden

Morgen die Kinder weg und_____(10)_____ sie nach der Schule auch ab. Außerdem_____(11)_____ich

jeden Tag. Manchmal _____(12)_____ mein Mann die Kinder ins Bett.

A few years later things have changed and Anita looks back with little regret. Rewrite her original letter and put it in the simple past.

Am Samstag war immer der große Haushaltstag. Mein Mann und _____

_____

_____

1 Going to Prague

Understanding timetables and making enquiries

Hans wants to travel to Prague and asks Ruth which train she would advise him to take. Complete the dialogue.

(1) Hans: _____
   (I'd like to go to Prague.)
   Ruth: *Wann möchten Sie denn fahren?*

(2) Hans: _____
   (At the weekend.)
   Ruth: *Ja. Und wann? Am Vormittag oder am Nachmittag?*

(3) Hans: _____
   (I'd like to arrive late in the afternoon.)
   Ruth: *Da fahren sie ab Ulm um_____(a)_____Uhr und sind dann in Prag um_____(b)_____Uhr.*

(4) Hans: _____
   (Do I have to change trains?)
   Ruth: *Ja, Sie müssen zweimal umsteigen.*

(5) Hans: _____
   (Is that with Intercity?)
   Ruth: *Nur bis Augsburg. Dann mit dem EC nach Nürnberg, und dann mit dem InteRegio.*

(6) Hans: _____
   (Is there a direct train too?)
   Ruth: *Nein, Sie müssen immer mindestens einmal umsteigen.*

(7) Hans: _____
   (Where do I have to change trains?)
   Ruth: *In Augsburg. Dort kommen Sie an um____(c)___ Uhr. Abfahrt_____(d)_____ Uhr. Dann fahren Sie weiter nach Nürnberg. Ankunft___(e)_____Uhr, Abfahrt_____(f)_____Uhr.*

Ulm Hbf → Praha hl.n.
Fahrplanauszug **DB**

ab	Zug	Umsteigen	an	ab	Zug	an	Verkehrstage
4.58	E 3801 2.Kl	Augsburg Hbf / Nürnberg Hbf	6.10 / 7.34	6.28 / 7.55	ICE 884 / IC 169	13.26	Mo - Sa 01
4.58	E 3801 2.Kl	Günzburg / Regensburg Hbf / Schwandorf	5.15 / 8.25 / 8.58	5.26 / 8.31 / 9.04	N 6131 / IR 2606 / IC 169	13.26	Mo - Sa 01
8.20	IR 2191	Augsburg Hbf / Nürnberg Hbf	9.01 / 10.34	9.28 / 11.35	IC 706 / EC 51	16.45	täglich
12.20	IR 2195	München Hbf	13.35	14.08	EC 167	20.39	täglich
20.57	EC 67	München Hbf / Nürnberg Hbf	22.10 / 0.03	22.17 / 0.25	IR 2094 / D 357		täglich
22.09	E 3831 2.Kl	Donauwörth	23.16	0.17	D 1980	6.11 / 8.39	Mo - Fr, So 02

2 In the Underground

Understanding signs and announcements

Match the German phrases with their English equivalents!

(1) Gleis eins bitte zurückbleiben!

(2) Nächster Halt

(b) LIFT

(3) Bitte alle aussteigen. Dieser Zug endet hier!

(4) Auf den Bahnsteigen Rauchen verboten

(d) NO SMOKING ON THE PLATFORMS

(e) SHORT TRAIN

(5) Aufzug

(6) Kurzzug

(a) NEXT STOP

(c) STEP BACK FROM PLATFORM ONE

(f) EVERYBODY GET OFF THIS TRAIN TERMINATES HERE

3 Train messages

Testing comprehension

Match the messages!

(1) Wir wünschen eine angenehme Reise...

(2) Meine Damen und Herren am Gleis vierundzwanzig. Willkommen in...

(3) Auf Gleis drei steht jetzt bereit: ICE sieben neun sieben von Bremen nach München.

(4) Auf Gleis drei hält in Kürze Einfahrt...

(5) Bitte Vorsicht am Gleis zwei. Der Zug fährt jetzt ab. Bitte Vorsicht an den Türen.

(6) Ihre nächste Reisemöglichkeit ...

(7) Meine Damen und Herren, in wenigen Minuten erreichen wir...

(a) Arriving shortly on platform 3...

(b) Your next connection...

(c) Wishing you a pleasant journey...

(d) Ladies and gentleman, we will shortly be arriving...

(e) Ladies and gentlemen on platform 24. Welcome to...

(f) Attention passengers on platform 2. The train is about to depart. Mind the doors please.

(g) On platform 3 the ICE 797 from Bremen to Munich is ready to board now.

4 Auf der Sennhütte

Testing gist comprehension

Answer the questions below in English.
(Vocabulary: *die Alm* = mountain meadow)

Der Sommer auf der Alm beginnt Anfang Juli und dauert etwa bis Mitte September. Eine Urlaubswoche kostet inkl. Verpflegung pro Person 460 DM. Kinder zahlen ca. 20 Prozent weniger. Autofahrer nehmen ab München die Autobahn Richtung Kufstein/Brenner und zweigen ins Pustertal ab, bis nach Weisberg (ital. Monguelfo). Wer mit der Bahn anreist, fährt am besten mit dem EC von München Richtung Bozen. In Weisberg wird ein Treffpunkt vereinbart. Von da an geht's dann zu Fuß auf die Alm (Alpinschule Pustertal, Dolomit unlimited, Bahnhofstr. 2, I-39035

(1) How long does summer last in the mountains?
_____

(2) How much would one week cost for two adults and one child?
_____

(3) How would you get there by car?
_____

(4) And by train?
_____

(5) Where would you meet up with the organisers?
_____

(6) And how would you get up to the hut?
_____

5 Odd one out

Testing vocabulary

Which is the odd one out?

(1) Tankstelle	Auto	Fahrkarte	Benzin
(2) Reisezentrum	Ticket	Schalter	Mahlzeit
(3) Zug	Ankunft	Autobahn	Verspätung
(4) Studienreise	Museum	Sport	Kultur
(5) Hotel	Campingplatz	Pension	Wetter
(6) Sommer	Winterurlaub	Schnee	Skifahren
(7) Fernreise	Karibik	Sonne	Schwarzwald

6 Going places

Understanding advertisments
Which categories do these ads fit?
Some will fit more than one category.

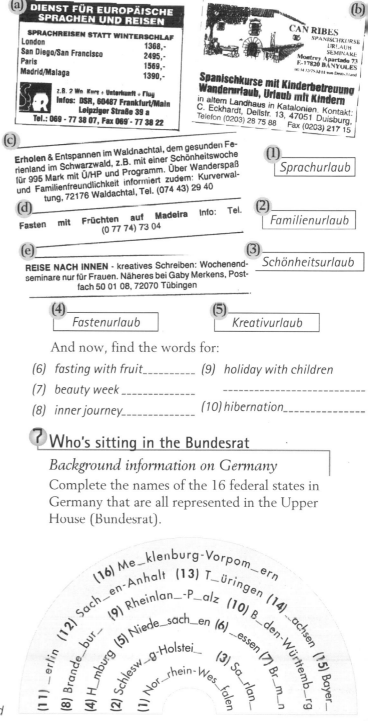

(a) DIENST FÜR EUROPÄISCHE SPRACHEN UND REISEN
SPRACHREISEN STATT WINTERSCHLAF
London 1368,-
San Diego/San Francisco 2495,-
Paris 1569,-
Madrid/Malaga 1390,-
z.B. 2 Wo. Kurs + Unterkunft + Flug
Infos: DSR, 60487 Frankfurt/Main
Leipziger Straße 39 a
Tel.: 069 - 77 38 07, Fax 069 - 77 38 22

(b) CAN RIBES SPANISCHKURSE URLAUB SEMINARE
Montrey Apartado 73 E-17820 BANYOLES
Spanischkurse mit Kinderbetreuung Wanderurlaub, Urlaub mit Kindern
in altem Landhaus in Katalonien. Kontakt: C. Eckhardt, Dellstr. 13, 47051 Duisburg, Telefon (0203) 28 75 88 Fax (0203) 217 15

(c) Erholen & Entspannen im Waldnachtal, dem gesunden Ferienland im Schwarzwald, z.B. mit einer Schönheitswoche für 995 Mark mit Ü/HP und Programm. Über Wanderspaß und Familienfreundlichkeit informiert zudem: Kurverwaltung, 72176 Waldachtal, Tel. (074 43) 29 40

(d) Fasten mit Früchten auf Madeira Info: Tel. (0 77 74) 73 04

(e) REISE NACH INNEN - kreatives Schreiben: Wochenendseminare nur für Frauen. Näheres bei Gaby Merkens, Postfach 50 01 08, 72070 Tübingen

(1) Sprachurlaub
(2) Familienurlaub
(3) Schönheitsurlaub
(4) Fastenurlaub
(5) Kreativurlaub

And now, find the words for:

(6) fasting with fruit _____ (9) holiday with children
(7) beauty week _____ _____
(8) inner journey _____ (10) hibernation _____

7 Who's sitting in the Bundesrat

Background information on Germany
Complete the names of the 16 federal states in Germany that are all represented in the Upper House (Bundesrat).

(16) Me_klenburg-Vorpom_ern
(12) Sach_en-Anhalt (13) T_üringen (14) _achsen
(11) _erlin (9) Rheinlan_-P_alz (10) B_den-Württemb_rg (15) Bayer_
(8) Brande_bur_ (5) Niede_sach_en (6) _essen (7) Br_m_n
(4) H_mburg (2) Schlesw_g-Holstei_ (3) Sa_rlan_
(1) Nor_rhein-Wes_falen

1 How to make your mouth water

Understanding a recipe
Match the pictures with the instructions.

(1) Mandeln schälen und trocknen

(2) mit Puderzucker so fein wie möglich mahlen

(3) mit Eiweiß und Rosenwasser gut mischen

(4) die Masse kneten, bis sie weich ist

(5) kleine Kugeln formen und in der Schokolade rollen

And now, match the German with the English words.

(1) Schokoladenpulver	(a) balls
(2) schälen	(b) chocolate powder
(3) Puderzucker	(c) icing sugar
(4) mahlen	(d) to knead
(5) mischen	(e) soft
(6) kneten	(f) to grind
(7) weich	(g) to peel
(8) Kugeln	(h) to mix

2 Nouns and verbs

Extending vocabulary
Complete the grid following the example.

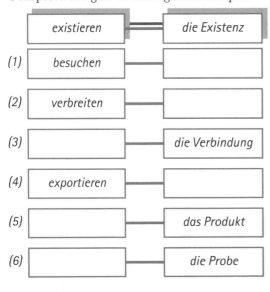

	existieren	die Existenz
(1)	besuchen	
(2)	verbreiten	
(3)		die Verbindung
(4)	exportieren	
(5)		das Produkt
(6)		die Probe

Mozartkugeln aus Marzipan

Zutaten (ingredients)
150 g geschälte Mandeln, 150 Puderzucker, 1 Eiweiß, 1–2 Teelöffel Rosenwasser, Schokoladenpulver

3 Puzzle

Testing comprehension
Fill in the gaps.

(1) Hier werden Dinge produziert.

(2) Früher hat man hier Brot gebacken.

(3) Hier gibt es nur Delikatessen.

(4) Hier werden Produkte oft direkt vom Hersteller verkauft.

(5) ein großes Haus mit vielen Dingen zum Kaufen

(6) Hier kann man süße Sachen essen.

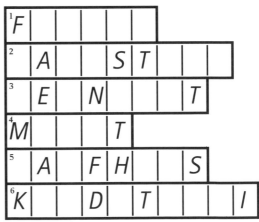

4 Questions and answers

Nouns and genitives

Rephrase the underlined words.

For example.　　　*Wann können wir die Firma besichtigen?*
　　　　　　　　　Die Besichtigung der Firma ist morgen von 10 bis 12.

(1) Wer kann uns in den Kurs einführen?

　Die_____ __ _____macht Herr Schwab.

(2) Und wer wird das Seminar leiten?

　Die_____ __ _____ übernimmt Frau Block.

(3) Und wann kann ich die Pläne mit Ihnen besprechen?

　Die_____ __ _____ist erst nächste Woche möglich.

(4) Als erstes müssen wir die Gäste begrüßen.

　Die_____ ___ _____ habe ich schon organisiert.

(5) Können Sie mir sagen, wie Sie das Marzipan herstellen?

　Nein. Die_____ ___ _____ist ein Geheimnis der Firma.

(6) Wann können Sie uns die Ware liefern?

　Die_____ ___ _____ist am Dienstag.

5 Die fleißigen Deutschen?

Possessives and comparisons

Translate the following statements into German.

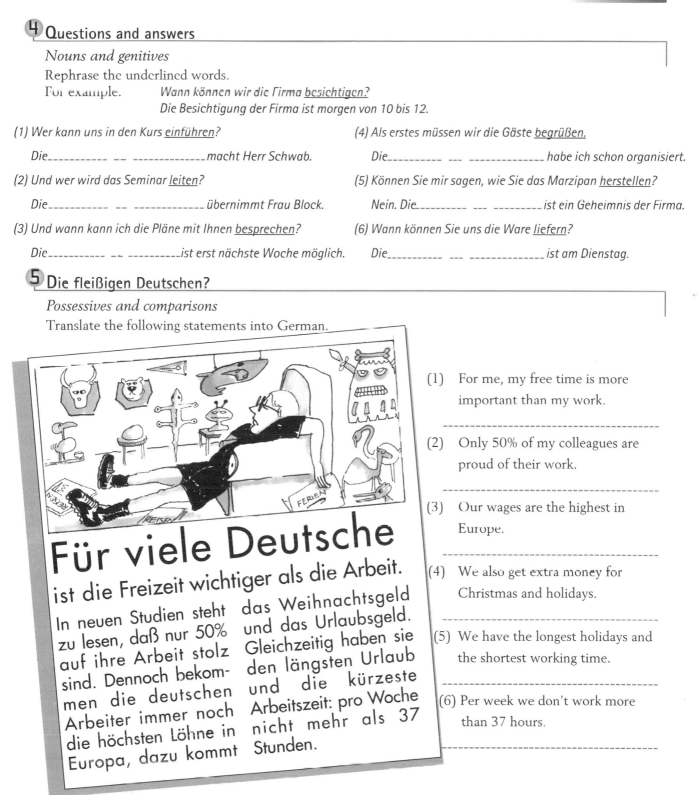

Für viele Deutsche
ist die Freizeit wichtiger als die Arbeit.

In neuen Studien steht zu lesen, daß nur 50% auf ihre Arbeit stolz sind. Dennoch bekommen die deutschen Arbeiter immer noch die höchsten Löhne in Europa, dazu kommt das Weihnachtsgeld und das Urlaubsgeld. Gleichzeitig haben sie den längsten Urlaub und die kürzeste Arbeitszeit: pro Woche nicht mehr als 37 Stunden.

(1)　For me, my free time is more important than my work.

----

(2)　Only 50% of my colleagues are proud of their work.

----

(3)　Our wages are the highest in Europe.

----

(4)　We also get extra money for Christmas and holidays.

----

(5)　We have the longest holidays and the shortest working time.

----

(6)　Per week we don't work more than 37 hours.

----

1 The laundry list

Clothes vocabulary

You're at the hotel and want to put the following items into the laundry:

2 ties, 1 pair of trousers,
1 suit, 6 hankies,
5 shirts, 3 pairs of socks,
1 coat.

Fill in the *Wäsche-Liste*.

Die bis 8.00 Uhr an der Rezeption abgegebene Wäsche wird am selben Tag bis 19.00 Uhr zurückgeliefert. Kein Wäsche-Service an Wochenenden und Feiertagen.

Stuttgart-Airport MÖVENPICK HOTEL Flughafen · 70629 Stuttgart 23

Wäsche-Liste

Bitte beachten Sie die auf der Rückseite angegebenen Haftungs- und Lieferungsbedingungen

Name			Zimmer		Datum	
Stückzahl	**Herrenwäsche**			Einzelpreis	Gesamtpreis	
	Oberhemden			6,10		
	Nachthemd			8,80		
	Pyjamas			10,—		
	Unterhose			4,40		
	Unterjacke			4,40		
	Paar Socken			4,40		
	Taschentücher			2,80		
	Chem. Reinigung					
	Hose			15,30		
	Sakko			15,30		
	Rock, glatt		ab	15,30		
	Bluse		ab	17,—		
	Krawatte			10,—		
	Kleid		ab	20,30		

2 In the department store

Revising vocabulary

Where would you find the items below? Fill in the grid using the plural.

T-Shirt Jacke Rock Ring Teddybär Blumenvase Ohrring Bluse ~~Kleid~~
Wanderschuh Obstschale Kerze Uhr Armband Tennisschläger Kerzenständer Fußball

Damenabteilung	Haushaltswaren und Geschenke	Schmuckabteilung	Spielwaren	Sportabteilung
Kleider				

3 Colour benefits

Practising colours and gist comprehension

Colours for every situation – which ones would the colour therapist recommend?

Gelb

... ist die Farbe des logischen Denkens, des Lernens und des Intellekts. Sie öffnet uns für neue Ideen und neue Interessen.

Türkis

... ist die Farbe der Kommunikation. Ausgezeichnet für öffentliche Sprecher, die nervös sind.

Blau

... ist die Farbe der Seele, sie bringt Frieden und Stille ins Herz. Sie heilt, kühlt und beruhigt und ist gut gegen Schmerzen.

Rot

... ist die Farbe des Lebens. Sie gibt uns Wärme und Stärke und stimuliert die Gefühle und die Sexualität. Aber Vorsicht! Herzkranke Menschen sollten lieber rosa tragen, das ist besser für die Nerven!

Orange

... ist die Farbe der Freude, der Kreativität und der Aktivität. Orange gibt uns Vitalität und hilft bei Depressionen und Frustrationen.

Grün

... ist gut gegen Schocks. Die Farbe bringt Balance in unser Leben, sie regeneriert uns und gibt neue Hoffnung.

Welche Farbe sollten Sie nehmen, wenn Sie ....

(1) sich frustriert fühlen? _____

(2) eine Rede halten müssen? _____

(3) ein schwaches Herz haben? _____

(4) einen Computerkurs beginnen? _____

(5) sich kreativ fühlen wollen? _____

(6) Kopfweh haben? _____

(7) gerade einen Schock hatten? _____

4 The right present

Going shopping

Hans Kirchner wants to buy a birthday present for his son Sam. It should not cost more than 30 Mark.

Ich heiße Sam und ich werde bald 12. Ich liebe Fernsehen, meinen Hund Wolf, Sport (alle Sportarten), große T-shirts und Erdbeereis. Ich hasse die Schule, rote Würstchen, meine Schwester Tilly, sonniges Wetter und Spielsachen, vor allem Teddybären.

Verkäuferin: Guten Tag, kann ich Ihnen helfen?
H. Kirchner: _____(1)_____.
Verkäuferin: Für wen soll das Geschenk sein?
H. Kirchner: _____(2)_____.
Verkäuferin: Wie alt ist denn Ihr Sohn?
H. Kirchner: _____(3)_____.
Verkäuferin: Mag er Spielsachen?
H. Kirchner: _____(4)_____.
Verkäuferin: Und Sport? Liebt er Sport?
H. Kirchner: _____(5)_____.
Verkäuferin: Wie wär's denn mit einem Tennisschläger?
H. Kirchner: _____(6)_____?
Verkäuferin: Ja, der billigste kostet um die 50 Mark.
H. Kirchner: _____(7)_____.
Verkäuferin: Wie wär's denn mit dem Fußball hier?
H. Kirchner: _____(8)_____?
Verkäuferin: Der hier kostet 40 Mark.
H. Kirchner: _____(9)_____?
Verkäuferin: Nein, das ist nicht der billigste. Wir haben auch welche für 30 Mark.
H. Kirchner: _____(10)_____.
Verkäuferin: Soll ich den Ball als Geschenk verpacken?
H. Kirchner: _____(11)_____!
Und_____(12)_____?
Verkäuferin: Da drüben an der Kasse.

5 Special offers

Building up vocabulary

Here's an article about the sales in Köln. But some crucial words are missing. Fill in the gaps!

Einkaufen		teuersten	Käufer
	Qualität	billiger	
Sommerschlußverkauf		besser	
	teurer		
Sonderangebote	reduziert	enttäuscht	

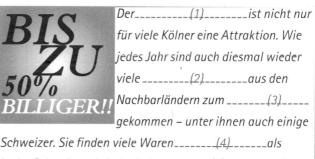

BIS ZU 50% BILLIGER!!

Der_____(1)_____ist nicht nur für viele Kölner eine Attraktion. Wie jedes Jahr sind auch diesmal wieder viele _____(2)_____aus den Nachbarländern zum _____(3)_____ gekommen – unter ihnen auch einige Schweizer. Sie finden viele Waren_____(4)_____als in der Schweiz und sind mit der_____(5)_____ meistens zufrieden. Besucher aus den USA sagen allerdings, daß alles viel_____(6)_____ ist. Am _____(7)_____ sind für sie die Elektroartikel. Engländer kaufen gerne Schuhe. Sie finden die deutsche Qualität viel_____(8)_____. Aber wer nicht _____(9)_____werden will, muß schnell reagieren. Manche_____(10)_____ sind so stark _____(11)_____ , daß sie sehr schnell weg sind.

Alles zum HALBEN PREIS!

And now, translate the article into English.

_____
_____
_____
_____
_____
_____
_____
_____

1 Quantity shopping

Testing measures and quantities
Match the items.

(a) eine	(f) Päckchen	(l) Wein
(b) ein	(g) Flasche	(m) Joghurt
(c) ein	(h) Dutzend	(n) Hackfleisch
(d) eine	(i) 500 g	(o) Eier
(e) ein	(j) Becher	(p) Bohnen
	(k) Dose	(q) Zigaretten

2 Death of the corner shop

Checking understanding

Tick the statements which are correct
(R = richtig, F = falsch).
(Extra vocabulary: *Tante-Emma-Laden* = corner shop; *Erzeuger* = producer; *bequem* = easy [here])

In Deutschland gibt es immer weniger Tante-Emma-Läden. Sie müssen schließen, weil ihr Geschäft nicht mehr profitabel ist. Die Mieten sind zu hoch, es gibt zu wenig Parkplätze, außerdem kaufen die Leute lieber gleich alles im Supermarkt ein. Sie finden das bequemer, oft gibt es dort auch Sonderangebote. Die kleinen Läden können ihre Waren nicht so billig anbieten wie die Supermärkte. Viele Leute kaufen aber auch gerne auf dem Wochenmarkt ein. Produkte wie Eier, Obst, Gemüse und Delikatessen werden dort oft direkt vom Erzeuger verkauft.

	R	F
(1) Mehr und mehr Leute gehen in die Supermärkte.	☐	☐
(2) In den Tante-Emma-Läden gibt es viele Sonderangebote.	☐	☐
(3) Die Supermärkte können ihre Waren billiger anbieten als die kleinen Läden.	☐	☐
(4) Kleine Läden müssen schließen, weil sie die Miete nicht mehr zahlen können.	☐	☐
(5) Die kleinen Läden machen aber immer noch gute Profite.	☐	☐
(6) Wochenmärkte sind nicht sehr beliebt.	☐	☐
(7) Im Supermarkt werden Produkte wie Eier, Obst und Gemüse oft direkt vom Erzeuger verkauft.	☐	☐

And now, find the German for

(a) They think it's easier.

(b) The rents are too high.

(c) ...directly from the producer.

(d) There are too few parking spaces.

(e) Often, there are special offers there.

(f) Besides, people prefer to buy everything in the supermarke

----

3 Adjectives

Building up vocabulary
Write the opposites next to the words below.

(2) alt_____

(3) lieb_____

(1) groß_____

(4) häßlich_____

(5) geschlossen_____

(6) teuer_____

(7) schnell_____

(8) heiß_____

4 Shopping for food

Checking vocabulary

This is what's in Karin's fridge:

6 Eier

Deutsche Markenbutter

Gurke

MILCH

1 Dose Katzenfutter

1 Flasche Weißwein

1 Liter Vollmilch

And this is what she needs:

potatoes (2.5 kg)	minced meat (500 g)
milk (2 litres)	wine (red, 1 bottle)
bananas (1 kg)	dog food (5 tins)
eggs (dozen)	oil (1 litre)
onions (0.5 kg)	parmesan cheese (250 g)
tomatoes (1 kg)	spices
cucumber (2)	

This week, Karin's boyfriend has to do the shopping at the market. Work out what's needed and write out the shopping list for him in German.

Zweieinhalb Kilo
Kartoffeln

5 At the travel agent

Booking a flight

Fill the gaps, using the words below.

Lore: Ich möchte einen_____(1)_____nach Frankfurt_____(2)_____.

Angestellte: Ja, wann wollen Sie denn_____(3)_____?

Lore: Am übernächsten_____(4)_____, am liebsten am Samstag.

Angestellte: Kein Problem, da bekommen Sie sogar einen _____(5)_____.

Lore: Ja, warum?

Angestellte: Weil Sie sieben Tage_____ (6)_____buchen.

Lore: Und was kostet das_____(7)_____?

Angestellte: 450 Mark. Möchten Sie lieber morgens oder_____(8)_____ fliegen?

Lore: Ich nehme lieber die_____(9)_____.

Ticket	Sondertarif	im Voraus
Flug	abends	fliegen
Morgenmaschine	buchen	Wochenende

6 No luck

Money matters

Markus has had a rotten day – as you can tell from his letter. Compare the English with the German text and check all the facts. One sentence is missing altogether.
[Extra vocabulary: *stinksauer* = very annoyed (*sauer* = annoyed)]

Heute war mein großer Pechtag. Zuerst brachte mir die Post einen Berg von Rechnungen. Dann ging das Auto kaputt, meine Frau mußte ein Taxi nehmen, und ich gab ihr mein letztes Geld. Dann ging ich in die Stadt zum Einkaufen. Ich konnte keinen Bus nehmen, weil ich keinen Pfennig mehr in der Tasche hatte. Zuerst ging ich zur Bank. Aber der erste Bargeldautomat war kaputt, und der zweite schluckte meine Karte. Warum, weiß ich nicht. Meine Geheimzahl war in Ordnung, aber es kam kein Geld und keine Karte! Ich war stinksauer und wollte in die Bank gehen und meine Karte zurückholen, aber die Bank war schon geschlossen.

Today was one of my worst days. First the postman brought me a mountain of bills, then my bicycle had a puncture. My wife had to take the bus so I gave her all of my money. Then I went into town to go to work, but I couldn't go by bus as I didn't have a penny left. I went to the shopping arcade to the cash dispenser, but the first one was out of order and the second one swallowed my card. My pin number was wrong and neither money nor card came out. I was very annoyed and wanted to go into the shop to get my card back, but the bank was already shut.

1 Descriptions

Practising adjectives

(a) First write down the possible combinations. →

(b) Now how would you describe Hanno and Petra?

| klein lang   rund   ~~oval~~   lockig   blond   schlank |
| kurz   groß   eckig   schwarz   dick |

das Gesicht ist...	die Ohren sind...	die Nase ist...	die Haare sind...	die Figur ist...	die Augen sind...	der Hals ist...
oval						

Petra hat	eine lange Nase,
	große _____ (a)
	einen langen _____ (b)
	kurze lockige _____ (c)
und	eine dicke _____ (d)

Hanno hat	eine schlanke	Figur,
	(e) _____	Haare,
	(f) _____	Gesicht,
	(g) _____	Ohren,
	(h) _____	Nase,
und	(i) _____	Hals.

2 Who are they?

Relatives

(1) die Mutter von meiner Mutter ⇨ _ _ _ _ _ [1] _ _ _ _ [2]

(2) die Kinder von meinen Eltern ⇨ [3] _ _ _ _ _ _ _ [4]

(3) der Bruder von meiner Mutter ⇨ [5] _ _ _ _ _

(4) die Eltern von meiner Mutter ⇨ _ _ _ [6] _ _ _ _ _ _

(5) die Tochter von meiner Schwester ⇨ _ _ _ _ _ [7]

(6) mein Vater und meine Mutter ⇨ _ [8] [9] _ _ _ _

(7) der Sohn von meiner Schwester ⇨ _ [10] _ _ _

(8) der Vater von meinem Vater ⇨ _ _ _ _ _ _ _ _ [11]

(9) die Schwester von meinem Vater ⇨ _ _ [12] _ _ _

And what's the word for the parents of my parents' parents? The highlighted letters will tell you:

_ _ _ _ _ _ _ _ _ _ _ _

3 Who dunnit?

Descriptions

Which of the four characters below is the suspect?

> Er hatte keine totale Glatze, aber nicht mehr viel Haare auf dem Kopf. Er trug eine eckige Brille und hatte einen langen Bart. Er sah ziemlich alt aus. Er war klein und hatte einen ganz runden Bauch.

Herr Karlson   **Herr Engel**

Herr Dimpel   **Herr Matz**

And now, describe the three non-suspects. Use the present tense.

4 Impossible!

Testing understanding

Five people have gone missing. Luckily, the police have been provided with their descriptions which don't make sense. Some statements are contradictory and will need further clarification. Mark them.

(1) Margot ist schlank, rothaarig, mit langen Beinen und einer dicken Figur.

(2) Anita ist jung, blond, hat blaue Augen und lockige, dunkle Haare.

(3) Marianne ist ziemlich klein. Sie hat kurze, braune Haare und einen weißen Schnurrbart.

(4) Christoph hat schwarze Augen, dunkelbraune Haare, eine sportliche Figur und eine Glatze.

(5) Helmut ist klein, aber er hat große Ohren, eine lange Nase und einen dicken Bauch. Er hat nur noch zwei Haare auf dem Kopf und sieht wirklich toll aus.

5 Matchmaking

Testing comprehension
Who might make a good match?

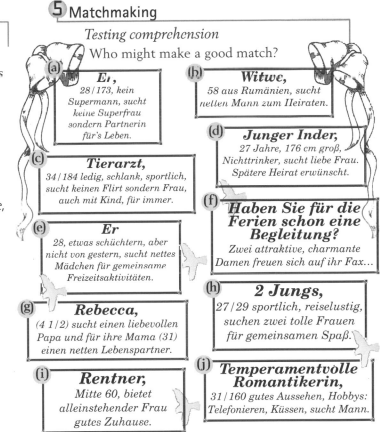

(a) **Er,**
28/173, kein Supermann, sucht keine Superfrau sondern Partnerin für's Leben.

(b) **Witwe,**
58 aus Rumänien, sucht netten Mann zum Heiraten.

(c) **Tierarzt,**
34/184 ledig, schlank, sportlich, sucht keinen Flirt sondern Frau, auch mit Kind, für immer.

(d) **Junger Inder,**
27 Jahre, 176 cm groß, Nichttrinker, sucht liebe Frau. Spätere Heirat erwünscht.

(e) **Er**
28, etwas schüchtern, aber nicht von gestern, sucht nettes Mädchen für gemeinsame Freizeitsaktivitäten.

(f) **Haben Sie für die Ferien schon eine Begleitung?**
Zwei attraktive, charmante Damen freuen sich auf ihr Fax...

(g) **Rebecca,**
(4 1/2) sucht einen liebevollen Papa und für ihre Mama (31) einen netten Lebenspartner.

(h) **2 Jungs,**
27/29 sportlich, reiselustig, suchen zwei tolle Frauen für gemeinsamen Spaß.

(i) **Rentner,**
Mitte 60, bietet alleinstehender Frau gutes Zuhause.

(j) **Temperamentvolle Romantikerin,**
31/160 gutes Aussehen, Hobbys: Telefonieren, Küssen, sucht Mann.

6 Love – the old story

Understanding text

Another poem from Heinrich Heine's *Buch der Lieder* (book of songs). Put the pictures in the right order.

Ein Jüngling liebt ein Mädchen,
Die hat einen andern gewählt;
Der andre liebt eine andre
Und hat sich mit dieser vermählt.

Das Mädchen heiratet aus Ärger
Den ersten besten Mann,
Der ihr in den Weg gelaufen;
Der Jüngling ist übel dran.

Es ist eine alte Geschichte,
Doch bleibt sie immer neu;
Und wem sie just passieret,
Dem bricht das Herz entzwei.

(1)

(2)

(3)

(4)

Extra vocabulary: *jüngling = junger Mann; gewählt* = chosen; *vermählt = sich vermählen* = to get married; *in den Weg laufen* = to come across someone's path; *übeldran* = in a bad way; *passieret = passiert* = to happen; *entzwei* = in half

1 Origins

Countries, nationalities and languages
Complete the grid below.

Nicole

Carmen

Donatella

Nana

Yoko

Alison

Nico

Andrej

Sie/er heißt...	ist aus...	ist...	spricht...
(1) Nicole	Frankreich		
(2) Alison		Engländerin	
(3) Donatella			italienisch
(4) Nico	Rumänien		

Sie/er heißt...	ist aus...	ist...	spricht...
(5) Yoko		Japanerin	
(6) Andrzej		Pole	
(7) Carmen	Spanien		
(8) Nana		Griechin	

2 Beg your pardon?

Asking for clarification
Find the odd ones out and
translate them into English.

(1) (a) Wie bitte?
   (b) Ich verstehe!
   (c) Was haben Sie gesagt?

"Ich verstehe
kein Wort!"

----

(2) (a) Das finde ich auch!
   (b) Noch einmal bitte!
   (c) Bitte wiederholen Sie das!

----

(3) (a) Nicht so schnell bitte!
   (b) Könnten Sie das bitte langsamer sagen!
   (c) Sie sprechen zu langsam!

----

(4) (a) Ich weiß, wie man das schreibt.
   (b) Können Sie das buchstabieren!
   (c) Wie schreibt man das?

----

3 Biography

Talking about somebody's background
Match the sentences.

(1) Nahid kommt aus...   (a) es sehr schwer.

(2) Sie ist...   (b) sie wieder zurück in den Iran.

(3) Seit einem Jahr lebt...   (c) dem Iran.

(4) Sie spricht...   (d) in Deutschland studieren.

(5) Sie hat ihr Deutsch...   (e) in Teheran aufgewachsen.

(6) Am Anfang war ...   (f) ihr sehr geholfen.

(7) Aber sie wollte...   (g) sie in Deutschland.

(8) Ihre Freunde in der   (h) in der Sprachschule
   WG waren...   gelernt.

(9) Sie haben...   (i) sehr freundlich.

(10) Eines Tages möchte...   (j) schon sehr gut deutsch.

④ An interview

Finding out personal information

Marit is from Norway but lives in Germany now. What questions did the interviewer ask?

(1) Interviewer:

`_____?`

Marit: *Ich bin in Norwegen aufgewachsen.*

(2) Interviewer:

`_____?`

Marit: *Ich bin in Oslo zur Schule gegangen.*

(3) Interviewer:

`_____?`

Marit: *Ich habe in der Schule Deutsch gelernt.*

(4) Interviewer:

`_____?`

Marit: *Ich lebe schon seit acht Jahren hier in Marburg.*

(5) Interviewer:

`_____?`

Marit: *Ich bin nach Deutschland gekommen, um zu studieren.*

(6) Interviewer:

`_____?`

Marit: *Ja, ich möchte irgendwann nach Norwegen zurück.*

⑤ Immigrants in Germany

Background information

Which category of immigrant do the statements below apply to?

(1) Gastarbeiter	(2) Asylanten
(3) Aussiedler/Übersiedler	

(a) *...waren der westdeutschen Regierung willkommen.*

(b) *...kamen aus politischen Motiven.*

(c) *Viele kamen auch aus der ehemaligen DDR.*

(d) *Siebzig Prozent kamen nach Deutschland.*

(e) *Fast siebzig Prozent ihrer Kinder sind in Deutschland geboren.*

(f) *...waren weniger willkommen in Deutschland.*

(g) *...kamen in den achziger Jahren.*

(h) *...kamen in den sechziger und siebziger Jahren.*

(i) *...hatten einen deutschen Hintergrund.*

(j) *Fast die Hälfte lebt seit mindestens zehn Jahren in Deutschland.*

(k) *...waren besonders viele Türken und Italiener.*

Die erste Welle von Gastarbeitern kam in den 60er und 70er Jahren. Damals gab es eine große Regierungs-Kampagne für die Anwerbung von ausländischen Arbeitskräften in Ländern wie der Türkei, Griechenland, Jugoslawien, Italien, aber auch Portugal, Marokko und Tunesien. Sie sollten in die Bundesrepublik kommen, weil es dort so viele offene Stellen gab. Die meisten Gastarbeiter waren aus der Türkei und Italien. Heute leben fast 50% seit mindestens 10 Jahren in Deutschland. Über zwei Drittel ihrer Kinder sind dort geboren.

In den 80er Jahren gab es eine zweite, weniger willkommene Welle von Asylanten aus Osteuropa und den Entwicklungsländern. 70% aller Flüchtlinge, die in der EG politisches Asyl suchten, kamen nach Deutschland.

Seit den frühen 90er Jahren kam eine neue Welle deutscher Rückwanderer: zuerst waren es Aussiedler aus Polen, Rumänien und der ehemaligen Sowjetunion, dann Übersiedler aus der ehemaligen Deutschen Demokratischen Republik.

2 Circus of the Sun

Understanding a text

Which statements are wrong? Sometimes you may need to cross out more than one!

(1) Im Sonnenzirkus sieht man...

    (a) Elefanten.

    (b) Tiger.

    (c) keine Tiere.

(2) Der Zirkus...

    (a) war schon einmal in Deutschland.

    (b) war noch nie in Deutschland.

    (c) kommt noch einmal nach Deutschland.

(3) Insgesamt sind in dem Zirkus...

    (a) 20 Artisten aus 6 Ländern.

    (b) 45 Artisten aus 9 Ländern.

(4) Die Artisten...

    (a) tanzen.

    (b) jonglieren.

    (c) reiten.

    (d) machen Akrobatik.

(5) Wohin kommt der Zirkus im Februar?

    (a) Nach Düsseldorf.

    (b) Nach Wien.

    (c) Nach Hamburg.

(6) Was ist in dem Pauschalangebot
    des Hotels Reichshof alles inklusive?

    (a) zwei Nächte.

    (b) Mittagessen.

    (c) Frühstück.

    (d) Abendessen.

    (e) Eintrittskarte für den Zirkus.

(7) Und was wäre der Preis für zwei Personen?

    (a) 348 DM.

    (b) 696 DM.

    (c) 1292 DM.

And now, find the German equivalents for...

(8)   the most poetic circus_____

(9)   a masterpiece of choreography

    _____

(10) all over the world_____

(11) another chance_____

(12) the Maritim hotel, which is steeped in tradition

    _____

(13) with the most beautiful bar_____

(14) with a very good seat_____

(15) a festive menu_____

Hamburg

Saltimbanco: Händler des Glücks

Der 'Cirque du Soleil' aus Kanada hat keine Elefanten, keine weißen Tiger, ja, überhaupt keine Tiere in der Manege. Und doch ist dies vielleicht der poetischste, der schönste, der zauberhafteste Zirkus der Welt. Ein Meisterwerk an Choreographie und Trapezkunst: Akrobaten, Jongleure, Magier, Tänzer, Luft- und Gummimenschen bieten ein Festival der Phantasie. In Berlin, Düsseldorf, Wien - praktisch in aller Welt - hat der Zirkus bereits Hunderttausende verzaubert. Wer das Deutschland-Programm des 'Cirque du Soleil' sehen will, hat im Frühjahr noch einmal eine Chance: im Februar kommt der 'Sonnenzirkus' nach Hamburg. Vom 6. bis 20.2. treten die fünfundvierzig Artisten aus neun Ländern in der Hansestadt auf. Das traditionsreiche Maritim-Hotel "Reichshof" am Hauptbahnhof (mit der schönsten Bar) bietet ein Pauschalpaket an: zwei Übernachtungen im Doppelzimmer, Frühstück, Cocktail, ein festliches Menü und das Ticket für einen sehr guten Platz im Sonnenzirkus kosten 348 Mark pro Person. (Auskunft: Hotel Reichshof, Tel. 040/2483.)

2 Far from perfect

Complaining

The words in the central column need rearranging to make correct sentences.

(1) Ich möchte	*Rechnung*	*beklagen.*
(2) Meine	*mich*	*stimmt nicht.*
(3) Ich habe	*Frühstück*	*aus der Minibar getrunken.*
(4) Ich habe	*Handtücher*	*telefoniert.*
(5) Das	*nicht*	*kam viel zu spät.*
(6) Meine	*nichts*	*waren schmutzig.*
(7) Die	*Kaffee*	*funktioniert nicht.*
(8) Und der	*Dusche*	*war schon eiskalt.*

③ Holidays in Eastern Germany

*Booking a hotel and understanding
the brochure*

Familie Mills wants to spend their holiday at the
Waldhotel *"Zur Hachemühle"* from the 14th~21st
August. Here is their letter reserving 1 double
room for 7 nights and extra beds for their 3
children aged 5, 8 and 13. Fill in the gaps but be
careful, not all the words are suitable.

Kinder	Nächte	Seeger	Meine liebe
	Hochachtungsvoll	Jahre alt	
Doppelzimmer	liebste	möchte	Liebe Grüße
			sieben
geehrte	brauchen	drei	
			7-21 August
Mills	viele Küsse		

Sehr ____(1)_____ Frau _____(2)_____,

Ich _____(3)_____gern für die

Zeit vom _____(4)_____

ein_____(5)_____reservieren.

Wir_____(6)_____auch Aufbettung

für unsere_(7)_____ .Sie sind

5, 8 und 13_____(8)_____ .

_____(9)_____,

Anna _____(10)_____

And now, here is the reply

Sehr geehrte Frau Mills,

wir danken Ihnen für Ihre
Reservierung. Leider sind unsere
Doppelzimmer für die Zeit vom 14-21
August schon belegt. Wir können
Ihnen aber ein Appartement anbieten.
Diese Option ist ohnehin besser, weil
sie für Ihre Kinder keine Aufbettung
brauchen.

Mit freundlichen Grüßen

I. Seeger

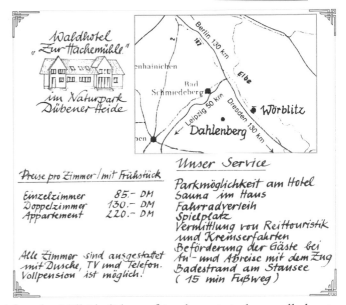

Waldhotel
„Zur Hachemühle"

im Naturpark
Dübener Heide

Preise pro Zimmer / mit Frühstück

Einzelzimmer	85.- DM
Doppelzimmer	130.- DM
Appartement	220.- DM

Alle Zimmer sind ausgestattet
mit Dusche, TV und Telefon.
Vollpension ist möglich!

Unser Service

Parkmöglichkeit am Hotel
Sauna im Haus
Fahrradverleih
Spielplatz
Vermittlung von Reittouristik
und Kremserfahrten
Beförderung der Gäste bei
An- und Abreise mit dem Zug
Badestrand am Stausee
(15 min Fußweg)

After the Mills' holiday, a friend wants to know all about
it. Answer the questions on their behalf and make whole
sentences. This is a somewhat open ended exercise – your
version may be a little different from the one in the
Answers.

Wieviele Tage seid ihr in dem Hotel gewesen?

(1) Wir sind_____

   Und was hat das gekostet?

(2) Am Ende_____

   Hatte das Appartement auch einen Fernseher?

(3) _____

   Und gab es dort ein Bad oder eine Dusche?

(4) _____

   Konnten eure Kinder schön spielen?

(5) _____

   Und was konnte man dort alles machen?

(6) _____

   Wie weit ist der Ort von Berlin entfernt?

(7) _____

   Und von Leipzig?

(8) _____

   Kann man auch mit dem Zug dorthin reisen?

(9) _____

**Extra
vocabulary:**

*Die Auf-
bettung =*
extra bed

*die Voll-
pension =*
full board

der Verleih =
rental

*die Kremser-
fahrt* – horse
and cart ride

*die Beförde-
rung* – trans-
port

der Stausee =
artificial lake

Leben im Hochhaus
Hinter jeder Tür verbirgt sich eine Geschichte.

Juri-Gagarin-Ring 138. Ein Hochhaus mitten in Erfurt, der Landeshauptstadt Thüringens. Unter seinem Dach leben auf 16 Stockwerken rund 400 Menschen. Jeder mit seinen Träumen und Hoffnungen, mit seinen Problemen und Ängsten. Hinter jeder Tür verbirgt sich eine andere Geschichte.

„Es ist kälter geworden", meint Corinna Martin (29), Mutter zweier Kinder. „Ich fühle mich hier manchmal wie im Gefängnis. „Wenn ich nicht meine Arbeit als Gärtnerin hätte, würde ich durchdrehen." Sie will raus aufs Land, in die Nähe von Frankfurt, wo ihr Mann seit einem Jahr arbeitet.

„Ich mag unser Haus", erklärt Gisela Hirschfeld (63). „Ist der Blick aus dem Fenster nicht zauberhaft?" Die pensionierte Lehrerin ist mit ihrem Mann ständig auf Achse. Die beiden wollen möglichst viel von der Welt sehen. Gisela Hirschfeld: „Ich brauche kein teures Parfüm, keine neue Küche und kein Auto. Wir verreisen lieber."

Viele Mieter sind mit dem Haus alt geworden, leben seit 1970 in ihren Ein-, Zwei- und Dreizimmerwohnungen. Zu DDR-Zeiten hat die Miete 120 Mark gekostet, heute sind es 700 Mark. Bis Dezember wird das Gebäude für 18,4 Millionen Mark saniert: Badezimmer, Fenster, Heizung, Aufzug, Fassade werden erneuert.

Das Hochhaus als Mikrokosmos: hier leben ehemalige NVA-Offiziere und Direktoren, Rentner und Ingenieure, Facharbeiter und Krankenschwestern, Lehrer und Friseusen unter einem Dach. Viele Menschen sind ohne Job, manche schon seit der Wiedervereinigung. Erfurt hat - wie Thüringen - 19 Prozent Arbeitslose. (Deutschland insgesamt 11,1 Prozent.)

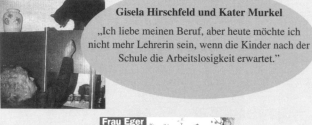

Gisela Hirschfeld und Kater Murkel
„Ich liebe meinen Beruf, aber heute möchte ich nicht mehr Lehrerin sein, wenn die Kinder nach der Schule die Arbeitslosigkeit erwartet."

Familie Martin
Ihren Papa sehen Marleen (9) und Michael (6) nur am Wochenende. Er arbeitet in Frankfurt/Main. Deshalb dürfen sie manchmal am Abend mit ihm telefonieren. „Ich bin in einem kleinen Dorf aufgewachsen und habe immer meine Freiheit gehabt", erzählt Corinna Martin (29). „Hier fällt mir die Decke auf den Kopf. Und ganz heimlich träume ich auch noch davon, mal einen Job in einem Zoo zu bekommen."

Frau Eger
„Seit mein Mann vor fünf Jahren so plötzlich gestorben ist, fühle ich mich oft einsam. Deshalb bin ich froh, daß ich den Hund habe", sagt Ilse Eger (64). Sie wird immer noch traurig, wenn sie von ihrem Mann spricht. In Gedichten versucht die pensionierte Schuldirektorin, die tiefe Trauer abzuarbeiten.

Familie Schuster
„Vor der Wende waren die Leute viel offener und nicht so mißtrauisch", meint Kuno Schuster (44). Der Hobby-Diskjockey wohnt mit seiner Frau und Söhnchen Kuno (5) seit 1990 im 9. Stockwerk. Und träumt davon, irgendwann an den Stadtrand zu ziehen. „Hier ist die Luft so schlecht, und das Umfeld hat sich negativ verändert. Dauernd kommt die Polizei...". „Vielleicht gewinnen wir ja mal im Lotto", sagt Gabriele Schuster (33), die im Januar arbeitslos wurde. „Ich finde sicher bald wieder einen Job."

Familie Düsterdick
„Unsere Ehe ist harmonisch. Das hat uns die Stasi sogar schriftlich bestätigt." Gerhard (64) und Gisela (59) Düsterdick zeigen uns die Ordner. Dreieinhalb Jahre lang wurden sie in ihrer Wohnung abgehört: in den Protokollen können sie heute nachlesen, was sie vor 15 Jahren in den eigenen vier Wänden gesagt und gemacht haben.

Extra vocabulary: *mitten in* = in the middle of; *das Dach* = roof; *die Hoffnung* = hope; *verbirgt (sich verbergen)* = to hide; *das Gefängnis* = prison; *durchdrehen* = coll. to go round the bend; *zauberhaft* = magical; *auf Achse* = coll. travelling; *sanieren* = to renovate; *das Fenster* = window; *die Heizung* = heating *NVA Offizier* = East German Army officer; *der Facharbeiter* = skilled worker; *die Krankenschwester* = nurse (female); *die Decke* = ceiling; *heimlich* = secretly; *einsam* = lonely; *mißtrauisch* = suspicious; *das Umfeld* = environment; *die Stasi* = East German Secret Service; *schriftlich* = in writing; *der Ordner* = file; *die Wand* = wall; *abhören* = to bug.

1 What's in the text?

Testing comprehension

Study the main text. Which statements are correct?

(1) In dem Hochhaus leben rund 400 Menschen.
(2) Die Atmosphäre ist kälter als früher.
(3) Frau Martin lebt gerne in ihrer Wohnung.
(4) Sie macht viele Reisen.
(5) Sie arbeitet als Gärtnerin.
(6) Frau Hirschfeld liebt den Blick aus ihrem Fenster.
(7) Sie kauft oft teures Parfüm.
(8) Sie hat kein Auto.
(9) Viele Mieter leben erst seit kurzer Zeit in dem Hochhaus.
(10) Die Mieten sind seit DDR-Zeiten sehr viel teurer geworden.
(11) Die Menschen in dem Haus haben viele verschiedene Berufe gelernt.
(12) Nur wenige sind jetzt arbeitslos.

2 Family portraits

Translation

Find the German equivalents in the passages next to the photos and write them down. But first, see whether you can translate the sentences without looking at the text.

(1) Before reunification the people were much more open.
_____

(2) Here the air is so bad.
_____

(3) Perhaps we'll win the lottery.
_____

(4) I'm bound to find another job soon.
_____

(5) Our marriage is harmonious.
_____

(6) For three years, their flat was bugged.
_____

(7) She still gets sad when she speaks about her husband.
_____

(8) Real family life takes place only at weekends.
_____

(9) I grew up in a small village and always had my freedom.
_____

(10) I would not want to be a teacher today.
_____

3 Who might have said what?

Vocabulary, word order and pronouns
Read the article and indicate to whom the speech bubbles belong.

(1) Ich finde bald einen neuen Arbeitsplatz.

(2) Ich möchte im Zoo arbeiten.

(3) Wir führen eine gute Ehe.

(4) Ich möchte gern im Lotto gewinnen.

(5) Meine Gedichte helfen mir sehr.

(7) Ich bin seit fünf Jahren Witwe.

(8) Ich will in der heutigen Zeit keine Kinder mehr unterrichten.

(9) Manchmal rufen wir abends unseren Vater an.

(10) Ich möchte lieber auf dem Land wohnen.

4 Before and after unification

Practising comparative
Choose the right adjectives to go with the nouns. Then form comparative sentences. Various combinations might be possible.

Straßen + unsicher ➡
Die Straßen sind unsicherer geworden.

Straßen	Arbeitszeit		gering	klein
Großbetriebe	Welt		unsicher	groß
Renten	Freizeit		hoch	mißtrauisch
Atmosphäre	Leben		reich	kalt

(1) _____
(2) _____
(3) _____
(4) _____
(5) _____
(6) _____
(7) _____

1 A cartoon

Testing understanding
Translate the caption.

----

2 Sick jokes

Comprehension
Match the jokes with the correct punchlines
(Extra vocabulary: *schnarchen* = to snore;
das Skelett = skeleton;)

"*Ganz neue Schlankheitspillen – nur zwanzig mal am Tag fallen lassen und wieder aufheben.*"

(1) "Doktor, Doktor, mein Schnarchen ist so laut, daß es mich selbst aufweckt!"

(2) "Doktor, Doktor, ich glaube ich bin ein Hund!"

(3) "Doktor, Doktor, ich kann mich an nichts erinnern!"

(4) Ein Skelett kommt zum Zahnarzt und klagt über Zahnschmerzen.

(5) "Doktor, Doktor, niemand versteht mich!"

* * * * * * * * * * * * *

(a) "Dann schlafen Sie doch in einem anderen Zimmer!"

(b) "Ihre Zähne sind in Ordnung, aber Sie haben Zahnfleischprobleme!"

(c) "Wie bitte?"

(d) "Wann hat das angefangen?"

(e) "Dann kommen Sie bitte sofort von meiner Couch runter!"

3 Body language

Idioms
What do they mean? Connect the right ones.
(Extra vocabulary: *der Bruch* = fracture;)

(1) Er ist Hals über Kopf abgereist.

(2) Sie sind ein Herz und eine Seele.

(3) Er hat sie sicher auf den Arm genommen.

(4) Hals- und Beinbruch.

(5) Da hat er den Finger auf die Wunde gelegt.

(6) Er lebt auf großem Fuß.

(7) Er will ihr mal auf den Zahn fühlen.

(8) Laß dir keine grauen Haare wachsen.

(9) Er findet immer ein Haar in der Suppe.

(10) Er hat ihr schöne Augen gemacht.

(a) He lives the high life.

(b) Don't lose any sleep over it.

(c) Good luck.

(d) He finds something to quibble about.

(e) He wants to sound her out.

(f) He must have teased her.

(g) He left in a huge hurry.

(h) He flirted with her.

(i) They are the best of friends.

(j) He put his finger on the sore point.

4 The power of plants!

Testing understanding

The translation of the German article is incomplete. Rewrite it with all the missing bits!

NASA Entdeckung:
Farne und Palmen gegen dicke Luft!!

Leiden Sie oft an Kopfschmerzen, Müdigkeit und Schwindelgefühlen? Vielleicht haben Sie ein schlechtes Wohnklima! Viele Möbel, Baumaterialien und Farben geben jahrelang giftige Chemikalien an die Raumluft ab. Diese Gifte schwächen Ihr Immunsystem. Was können Sie dagegen tun? Die amerikanische Raumfahrt-behörde NASA fand heraus: Grünpflanzen sind Medizin für unsere Lungen. Sie arbeiten in Wohnungen und Büros rund um die Uhr als Luftfilter. Ihre Blätter absorbieren Chemikalien wie Formaldehyd und Benzol und verwandeln sie in ungiftige Stoffe. Palmen und Farne sind besonders effektiv. Außerdem nicht vergessen: viel lüften!

NASA Discovery:
ferns and palms against stale air!!

Do you suffer from headaches and dizziness? Perhaps your living climate is at fault. Many pieces of furniture and building materials also give off poisonous chemicals into the air. These poisons weaken your system. The American Space Agency NASA found out: green plants are our medicine. They work as air filters around the clock. Their leaves absorb formaldehyde and benzol and transform them into non-poisonous substances. Palms are especially effective.

----

5 Symptoms...

Testing understanding

What might these patients be suffering from?

| Grippe | Kater | Sonnenbrand | Schnupfen | Insektenstiche |

(1) Meine Haut juckt wie verrückt.

(2) Mir ist heiß und kalt, und mein Rücken brennt.

(3) Meine Nase läuft.

(4) Ich habe Fieber, Kopfschmerzen, mein Hals tut weh, und meine Nase läuft.

(5) Ich habe furchtbare Kopfschmerzen, schrecklichen Durst, Schwindelgefühle, und mir ist schlecht.

1 Natural Cures

Brochures and letters

Hilde Häring wants to go on a *"Kur"* in the South German spa town Bad Waldsee. Study her letter to the Kurzentrum Sonnenhof and compare it with the brochure. What are the facilities they won't be able to offer her? (Extra vocabulary: *die Ursache* = cause; *äußere* = outer;)

Sonnenhof
Kurpension und Kurmittelhaus
Hallenschwimmbad

Wir suchen nach inneren Ursachen der Krankheit und behandeln nicht nur äußere Symptome! Erstes privates Kurzentrum im gemütlichen Allgäuer Stil. Wir haben alles unter einem Dach: Arztsprechstunde im Hause, moderne Zimmer mit Dusche, WC, Telefon und TV, Balkon, Heimkino, Lift, medizinische Bäder, Trockenmassagen, Kneipp-Einrichtungen (Fuß- und Armbäder), Inhalationen, Moorpackungen, Hallenschwimmbad, Sauna, Solarium, Tischtennis. Vollpension oder auf Wunsch Diät. Parkplätze für jedes Zimmer. Garagen können angemietet werden. Wir freuen uns auf Ihren Besuch

Familie Jedelhauser

Sehr geehrte Familie Jedelhauser

Ich suche ein gemütliches Kurhaus und ein komfortables Zimmer mit Bad und Balkon. Ich möchte in meinem Zimmer fernsehen und telefonieren können, außerdem gehe ich gerne ins Kino. Gibt es bei Ihnen in der Nähe ein Kino? Natürlich möchte ich auch einkaufen. Es wäre schön, wenn Sie in Ihrem Hotel auch eine eigene Boutique hätten. Mein Arzt empfiehlt, ich solle jeden Tag schwimmen – geht das bei Ihnen im Haus? Ich brauche auch tägliche Massagen und spezielle medizinische Bäder. Außerdem spiele ich gerne Tennis – ich hoffe, Sie haben einen eigenen Tennisplatz. Kann ich mein Auto in einer Garage abstellen? Und, am wichtigsten, kann ich den Doktor im Haus konsultieren? Bitte schicken Sie mir Ihre Broschüre und Preisliste zu.
Freundliche Grüße

Hilde Häring

PS. Man kann bei Ihnen auch rein vegetarisches Essen bekommen?

2 Portrait of a young sports woman

Understanding a summary

True or false? Read the newspaper article and the summary below. Check the facts and correct them in the summary below.

Stefanie Weiß wohnt in Biberach. Sie geht in der Mittelschule in Leutkirch in die achte Klasse. Ihr wichtigstes Hobby ist Tennisspielen, aber sie reist auch gerne, sieht sich Filme an, und liebt das Einkaufen. Sie kommt aus einer Familie mit Tennistradition. Ihre Mutter hat ihr das Tennisspielen beigebracht. Sie spielt für drei Vereine und trainiert insgesamt sechs - bis siebenmal in der Woche. 1996 war sie die beste deutsche Spielerin in ihrem Jahrgang. Ihr Sportidol ist Steffi Graf. „Verlieren ist schlimm", sagt sie, „aber das muß man auch verkraften können." Am liebsten würde sie im Abitur in allen Fächern eine Eins haben.

Stefanie Weiß aus Leutkirch

Schule: Hans Multscher Gymnasium Leutkirch, Klasse 8a.
Hobbys: Tennis spielen, Musik hören, Freunde treffen, Kino gehen, einkaufen.
Hintergrund: Die ganze Familie spielt aktiv Tennis. Vater brachte ihr das Tennisspielen bei.
Vereine: TC Leutkirch, TC Biberach.
Training: fünfmal die Woche plus ein bis zweimal Konditionstraining.
Die größten Erfolge: Sommer 1995: Dritte im Einzel und Doppel bei den Deutschen Meisterschaften in Köln. 1996: Württembergische Meisterin in ihrem Jahrgang.
Was war deine schlimmste Niederlage? Jede Niederlage ist schlimm, aber man muß auch verlieren können.
Welche/n Sportler/in bewunderst Du? Steffi Graf.
Welche Schlagzeile würdest Du gerne über dich lesen? Stefanie Weiß hat das Abitur mit 1,0 bestanden.

1 Jobs for Europe

Professions and Languages

Read the article and complete the sentences.

Europa Jobs Französisch im Kindergarten, Erdkunde auf englisch – was können Ihre Kinder heute lernen, um morgen Karriere in Europa zu machen?

„Open your books please", bittet die Lehrerin ihre achte Klasse. Doch die 14-jährigen sollen nicht ihr Englischbuch aufschlagen: sie haben Erdkunde. Die Gymnasiasten müssen auf englisch erklären, wie die Erde zur Zeit der Dinosaurier aussah. Immer mehr Lehrer bereiten ihre Schüler schon in der Grundschule mit Sprachunterricht auf Europa vor. Wirtschaftsexperten begrüßen das: „Wer später als Ingenieur oder Chemiker nach Paris oder London geht, muß Fremd-sprachen können", sagen sie.

Exzellente Sprachkenntnisse sind aber nur der erste Schritt. Berufsberater empfehlen eine Ausbildung in einem Beruf, der auch über deutsche Grenzen hinaus Zukunft hat: im Umweltschutz, Tourismus oder Bankgewerbe. Spezialisierte Berufe wie Bio-Elektroniker oder Wirtschaftsinformatiker stehen im Jahr 2000 auf der Wunschliste der Firmen in Europa ganz oben. Wer besonders gute Chancen auf dem internationalen Arbeitsmarkt haben will, macht möglichst noch in der Schulzeit ein Betriebspraktikum. Warum nicht ein paar Wochen bei der "Times" Zeitungsluft schnuppern, oder bei "Dior" in Paris testen, ob Modedesigner wirklich ein Traumberuf ist?

> Sprachkenntnisse   Traumberuf   Karriere
> Sprachunterricht englisch   Arbeitsmarkt
> Fremdsprache   Beruf   Betriebspraktikum

(1) Manche Kinder lernen bereits in der Vorschule eine
_____ .

(2) Das ist eine gute Basis, um später in Europa eine
_____ zu machen.

(3) Fächer wie Erdkunde werden in manchen Schulen
bereits auf_____unterrichtet.

(4) Wirtschaftsexperten finden es gut, die Schüler schon
in der Grundschule mit_____ auf
Europa vorzubereiten.

(5) Ausgezeichnete_____ sind aber nur
der Anfang.

(6) Man sollte einen_____wählen, der in ganz
Europa Zukunft hat.

(7) Es empfiehlt sich, noch während der Schulzeit ein
_____ zu machen.

(8) Damit hat man noch bessere Chancen auf dem
internationalen_____ .

(9) Außerdem findet man heraus, ob ein Job wie
Journalist oder Modedesigner wirklich ein
_____ ist.

2 Further education

Choosing the right course

Look at the course schedule below and decide who will choose each course and why.
(Extra vocabulary: *der Brei* = mash/semi-solid food;)
For example:

Frau Brown

"Mein Mann ist → "Ich gehe in den
aus England." Englischkurs, weil mein
Mann aus England ist."

Abendkurse an der VH	Wann?	Zimmer
1 Englisch	Die 1900-2100	212
2 Französisch	Mi 1900-2100	124
3 Italienisch	Die 2000-2200	124
4 Portugiesisch	Mo 1800-2000	124
5 Spanisch	Do 2000-2200	124
6 Zuerst die Milch! Und wann der Brei?	Mo 1800-1900	142
7 Gymnastik bei Osteoporose	Mi 1900-2000	120
8 Aqua-Fit	Do 1900-2030	
9 Sicher im Streß Schwimmhalle	Die 2000-2200	120
10 Wirbelsäulen- gymnastik	Die 1800-1900	120
11 Erste Hilfe am Kind	Mi 1900-2000	142
12 Schlank und fit	Mo 1900-2100	120

"Ich will mein Baby richtig ernähren."

Frau Mai
_____

"Ich möchte innere Ruhe finden."

Herr Köstler
_____

"Ich habe ein Ferien-haus in Portugal."

Frau Abel
_____

"Ich leide an Osteoporose."

Frau Krutke
_____

"Ich will abnehmen und mehr Bewegung haben."

Herr Fuchs
_____

"Ich will mich mit Wassertraining fit halten."

Frau Dannemann
_____

1 Friend or foe?

The environment

Who's environmentally friendly?

(1) Ich bade gerne.

(2) Ich nehme lieber eine Dusche.

(3) Ich fahre meistens Fahrrad.

(4) Ich fahre ein Dieselauto.

(5) Und ich tanke bleifrei.

(6) Mein Auto hat einen Katalysator.

(7) Ich stelle den Motor an der Ampel nie ab.

(8) Im Winter muß ich mein Auto erst mal im Leerlauf laufen lassen.

(9) Ich fahre immer sofort ab!

(10) Ich mache Mülltrennung.

(11) Ich gieße den Garten mit Trinkwasser.

(12) Und ich gieße meinen Garten mit Regenwasser.

(13) Ich lasse das Wasser beim Zähneputzen nicht laufen.

(14) Ich kaufe keine Minipackungen für Senf oder Milch.

(15) Wenn etwas zu viel Verpackung hat, kaufe ich es nicht.

(16) Ich kaufe auf dem Markt ein, da braucht man am wenigsten Verpackung.

Natura-Reisen – umweltbewußt im Bus!

(17) Ich werfe Batterien und Farben in eine ganz normale Mülltonne.

(18) Wenn ich das Zimmer lüfte, schalte ich die Heizung ab.

(19) Ich kaufe immer Cola in Dosen.

(20) Und ich lasse mir im Geschäft immer Plastiktüten geben.

(21) Ich werfe meine Küchenabfälle in die Biotonne.

(22) Mein Küchenabfall geht auf den Komposthaufen.

(23) Und unsere Küchenreste frißt allesamt das Schwein!

2 "Dear Britta... "

Checking understanding

Doreen has been living in Ravensburg for a little while and discovered two environmental initiatives that have rather amazed her. Study them and translate her letter into German.

(Extra vocabulary: *der Zwerg* = dwarf; *die Windel* = nappy; *die Baumwolle* = cotton;)

Unsere Zwerge machen Berge

Zeit für einen Windelwechsel Papierwindeln sind praktisch – aber sind sie hygienisch? Auf jeden Fall produzieren sie riesige Abfallberge. Für umweltbewußte Mütter und Väter gibt es jetzt eine Alternative. Saubere Baumwollwindeln werden ins Haus gebracht, die schmutzigen Windeln werden wieder abgeholt und umweltfreundlich gewaschen. Babies sollen sich wohlfühlen in ihrer Haut!

KakaDu ...

... der Windelservice
Info: Telefon 075-129 3737

Geschirrmobil – eine tolle Sache

Auch beim Festefeiern auf Einwegprodukte verzichten und keinen Müll produzieren - nichts ist einfacher als das. Wer ein Fest feiern will, kann bei der Stadt Ravensburg das "städtische Geschirrmobil" bestellen – die praktische Alternative zum Einweggeschirr. Dieses Mobil spült in Windesschnelle Gläser und Teller. Wenn Sie möchten, können Sie auch gleich noch das richtige Geschirr mitbestellen. Eine Empfehlung: bitte reservieren Sie rechtzeitig, sonst könnten Sie enttäuscht sein.

Anrufe beim Malteser Hilfsdienst e.V. Telefon 36 61 39

Dear Britta,

I have been living in Ravensburg for 3 months now. I like it here. The people are very environmentally conscious. There is even a nappy service here. What do you think of that? Do you prefer disposable nappies? But - are they environ-mentally friendly? They produce heaps of rubbish! In Ravensburg, there is an alternative. The nappy service KakaDu brings clean disposable nappies into the home, picks up the dirty ones and washes them! And if you are having a party, you can order a mobile dishwasher unit. It washes glasses and plates in no time at all. A great idea, don't you think?

Lots of love, Doreen

1 Joyous days

Describing Christmas experiences

This is what a group of 9 year olds from the German school in London wrote about their own Christmas experiences. Match the cartoons with their statements and translate them into English!

(1)

(2)

(3)

(4)

(5)

Weihnachten

(a) Vor der Bescherung gehen wir immer in die Kirche, das hasse ich. Ich freue mich, daß wir nach einer Stunde immer nach Hause gehen. Dann bin ich immer der Schnellste.

(b) Erst essen wir mittag, dann müssen wir in unser Zimmer gehen. Unsere Mami liest uns eine Geschichte vor. Und dann wird uns langweilig. Mami hat keine Lust mehr, und wir müssen dann immer warten und warten, und dann ist die Bescherung.

Das Weihnachtsessen

(c) Meistens bekommen wir mittags nur ein Butterbrot, damit wir richtig Hunger haben. Dann bekommen wir unsere Geschenke. Und dann essen wir, soviel wir können.

Engel

(d) Die Engel sind immer hinter mir her und schauen, ob ich brav bin. Und später sagen sie das dem lieben Gott.

(e) Ich glaube nicht an Engel, aber man weiß ja nie ....

2 An old custom

Checking understanding

Read the text and tick the correct box.

Rund ums Osterei

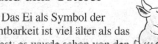

Das Ei als Symbol der Fruchtbarkeit ist viel älter als das christliche Osterfest: es wurde schon von den alten Ägyptern und den Germanen verehrt. Und in China war es schon vor 5000 Jahren Sitte, zum Frühlingsanfang bunte Eier zu verschenken.

Warum das Ei gerade an Ostern eine so große Rolle spielt, ist nicht klar. Vielleicht, weil die Kirche es streng verboten hatte, während der Fastenzeit vor Ostern Eier zu essen. Die Eier, die an diesen Tagen vom Aschermittwoch bis Ostern gelegt wurden, konnten dann erst zu Ostern verarbeitet oder verschenkt werden.

Richtig (R) oder falsch (F)?   R   F

(1) Ostereier symbolisieren Fruchtbarkeit. ☐ ☐

(2) In China hat man schon vor Jahrhunderten zu Beginn des Frühjahrs bemalte Eier verschenkt. ☐ ☐

(3) Die alten Germanen haben das Osterei nicht verehrt. ☐ ☐

(4) Niemand weiß genau, warum Eier an Ostern so wichtig sind. ☐ ☐

(5) Die Fastenzeit beginnt nach Ostern. ☐ ☐

(6) Während der Fastenzeit war es streng verboten, Eier zu essen. ☐ ☐

(7) In den Wochen nach Ostern hatten sich viele Eier angesammelt. ☐ ☐

(8) Alle diese Eier wurden dann zu Ostern bemalt, verschenkt und gegessen. ☐ ☐

Hallo

Unit 1

1 Introductions
1. Ich <u>wohne</u> in Köln. 2. Guten <u>Tag</u>, Frau Heine.
3. Ich bin <u>Frau</u> Möller. 4. Auf Wiedersehen, <u>Felix</u>.

2 Numberwork
1. zwölf 2. acht 3. zwei 4. vier 5. achtzehn 6. elf
7. zwanzig 8. vierzehn

3 Weird conversation
1. Ich verstehe nicht. 2. Wer sind Sie? 3. Ich bin Nico
Antonescu. 4. Wie bitte? 5. Mein Name ist Nico Antonescu.
6. Und woher kommen Sie denn? 7. Ich komme aus Rumänien.
8. Arbeiten Sie hier? 9. Ja, ich arbeite hier. 10. Und was sind
Sie von Beruf? 11. Ich bin Volontär. 12. Sind Sie neu hier?
13. Ja, ich bin neu hier. 14. Willkommen in Deutschland!

4 Basic questions
Woher kommen Sie? (Where do you come from?) Wie heißen
Sie? (What's your name?) Wer sind Sie? (Who are you?)
Wo wohnen Sie? (Where do you live?) Was sind Sie von
Beruf? (What's your job?) Other possibilities: Wo sind Sie?
(Where are you?) Wie wohnen Sie? (How do you live?)
Woher sind Sie? (Where are you from?)

5 This is Andreas
Mein Name <u>ist</u> Andreas und ich <u>komme</u> aus München. Ich <u>bin</u>
Polizist von Beruf, <u>wohne</u> in Potsdam und <u>arbeite</u> in Berlin.

6 More questions, more verbs
1. heiße, heißen 2. bin, sind 3. arbeite, arbeiten
4. komme, kommen 5. wohne, wohne

7 Puzzle
1. Hallo 2. Frau 3. Österreich 4. Tschüs 5. Morgen 6. Tag
7. Willkommen 8. Schweiz 9. Deutschland 10. Abend
<u>Keyword</u>: Australien

Unit 2

1 Who says what?
1. Milch und Zucker? Nein, danke! 2. Nehmen Sie Platz! 3. Wie
geht's Ihnen? Danke, gut! 4. Wie buchstabiert man das?

2 Which answer fits?
1b, 2a, 3a, 4a, 5b

3 A letter
1. Janson 2. Julian 3. Kastanienstraße 3. Bonn 4. Deutschland
5. 11.6.75 6. München

4 Ein, eine or der, die, das ...
1. ein Name 2. eine Adresse 3. die Straße 4. ein Mann
5. der Beruf 6. der Student 7. ein Ausweis 8. die Frau
9. eine Polizistin 10. ein Lehrer

5 New verbs
1. schreibt 2. nehmen 3. Möchten 4. geht 5. wiederholen

6 Chaos and order
<u>address</u>: Name, Straße, Ort, Land; <u>greeting</u>: Morgen, Abend,
Tag, Hallo; <u>drink</u>: Milch, Saft, Wasser, Tee, Kaffee;
<u>profession</u>: Architektin, Lehrer, Polizist.

7 Absurd orders
1. Ich möchte einen Kaffee! Schwarz! (I want a black coffee!)
Ich möchte einen Kaffee! Mit Milch bitte! (I want a coffee. With
milk, please.) 2. Einen Zucker! (One sugar) Mit Milch bitte!
(With milk please.) 3. (A cup of tea with sugar – OK as it is.)

4. Ich nehme einen Saft! (I'll take a juice.) Ich nehme ein
bißchen Kaffee! (I'll take some coffee.) 5. Ein Glas Wasser
bitte! (A glass of water please.) or: Schwarz, ohne Zucker bitte!
(black, without sugar please.)

8 Reading forms
1. Maximilian Murr 2. Journalist 3. Bonn 4. Bielefeld

Unit 3

1 Which way?
1b, 2c, 3e, 4f, 5h, 6a, 7d, 8g

2 Wo ist ...? Wo sind ...? Wo finde ich ...?
1. Wo finde ich den Kiosk? 2. Wo sind die Büros? 3. Wo finde
ich das Restaurant? 4. Wo sind die Studios? 5. Wo finde ich
den Computer? 6. Wo ist der Automat?

3 Getting places
1. Wie komme ich zur Bibliothek? 2. Wie komme ich zum
Markt? 3. Wie komme ich zum Fremdenverkehrsbüro? 4. Wie
komme ich zum Dom? 5. Wie komme ich zum Theater?

4 Blind date in Bern
Linda, Mitzi and Dieter are all converging into the
Schüttestraße. Paul goes astray.

5 Mystery sights
1. Bank 2. Restaurant König 3. Stadtmitte 4. Kiosk 5. Hotel
Union

6 Keyword
1. Stadtmitte 2. Aufzug 3. Stock 4. Etage 5. Ampel 6. Rezeption
7. Gang <u>Keyword</u>: Ausgang

Unit 4

1 Friends of fruits
1. Ich möchte eine Tomate. 2. Ich möchte eine Banane. 3. Ich
möchte eine Birne. 4. Ich möchte einen Apfel. 5. Ich möchte
eine Apfelsine.

2 There's more than one way to read a number
a = e, b = h, d = g

3 Different wording – same meaning
a) 2, 6, 11, 12 ,18; b) 7, 10, 17; c) 5, 8, 13, 19; d) 3, 14;
e) 4, 9, 16; f) 1, 15.

4 Introductions
Das ist Felix Bauer. Er kommt aus der Schweiz, aber er wohnt
und arbeitet in Lübeck.
Sie heißt Petra Schwarz. Sie ist Cutterin bei TV-POP. Sie liebt
Pop und Jazz und macht gerne Musik.

5 Food for thought
a) Abendbrot b) Ordnung c) Kasse d) Verkäuferin e) Butter
f) Zucker

6 Prices and figures
a3, b7, c9, d2, e8, f6, g10

7 Shopping list
1. Pfund 2. Liter 3. Kilo 4. Scheiben 5. halbes 6. Gramm
7. Stück

Erste Kontakte

Unit 1

1 The time
a) zehn nach neun b) vierzehn Uhr dreißig c) Viertel vor fünf
d) halb zwölf e) einundzwanzig Uhr fünfzehn f) fünf Uhr fünfzig

2 Events
Ich gehe zu Golden Eye, <u>um zwanzig vor drei</u>. Er ist heute mittag um <u>zwanzig nach zwei</u>.

3 The menu
Markus: 4 (or 5) and 1; Iris: 9; Franziska: 10; Marianne: 8.

4 What if ...
1a, 2b, 3a, 4b, 5b, 6a.

5 More foods
<u>Fleisch:</u> das Hähnchen, das Schweinesteak; <u>Fisch:</u> die Scholle;
<u>kein Fleisch:</u> die Kartoffeln, der Reibekuchen, der Salat, das
Apfelmus, die Eier, die Zwiebeln, das Mehl, die Ananas;
<u>Getränke:</u> der Weißwein, das Malzbier.

6 Cartoon
1. Ist heute Montag oder Dienstag? 2. Heute ist Mittwoch!
3. Wie spät ist es? 4. Es ist halb elf! 5. Um wieviel Uhr kommt
der Bus? 6.Um dreizehn Uhr fünf!

Unit 2

1 Forms of address
1. Guten Tag Frau Konrad, <u>können Sie</u> mich bitte mit Hern
Michel verbinden? 2. <u>Möchtest du</u> einen Reibekuchen essen?
3. Frau Schlömer! <u>Müssen Sie</u> heute arbeiten? 4. Sabine, kann
ich <u>dich</u> heute abend treffen?

2 A telephone conversation
1. ist 2. ist 3. ist 4. sind 5. bin 6. ist 7. ist 8. ist 9. ist

3 Wer? Wie? Wann?
1. Wer 2. Wie 3. Wann 4. Wer 5. Wann

4 Who can work when?
1. können 2. kann 3. kann 4. kann 5. kann 6. können

5 Telephone language
1a, 2c, 3a, 4b, 5b, 6b

6 A puzzle
1. Apparat 2. Moment 3. leid 4. verbinden 5. zurückrufen
6. Morgen 7. sprechen <u>Keyword:</u> Telefon

Unit 3

1 The week ahead
1. Monday to Wednesday from 8am to 6pm. 2. Yes; she does
not have any plans for Wednesday and Thursday yet. 3. She's
meeting her colleagues for a working breakfast. 4. the director
5. Friday evening 6. with her husband

2 Two museums in South Germany
You should have ticked: 1. Langenstein 2. Friedrichshafen
3. Friedrichshafen and Langenstein 4. Langenstein
5. Friedrichshafen 6. neither

3 Invitation to the cinema
1. will, wollen; 2. kann, muß; 3. müssen 4. muß, können;
5. kann, muß.

4 Dates and meetings
1. Sitzung 2. telefonieren 3. vereinbaren 4. frei 5. Vorschlag
6. Freitag 7. pünktlich

5 Different wording, same meaning
You should have crossed out: 1. Ich muß immer zahlen.
2. Müssen Sie heute arbeiten? 3. Ich habe jetzt einen Termin.
4. Das Büro ist am Sonntag zu. 5. Du mußt was für mich tun.

6 The right response
1a, 2b, 3a, 4b, 5a

7 A puzzle
1. Konferenz 2. Kalender 3. Kneipe 4. Ecke 5. Jahr 6. Monat
7. Herbst 8. Pakete 9. Stunden 10. Geld
<u>Keyword:</u> Feierabend

Unit 4

1 The BahnCard application
Frau, Fricke, Ursula, Breite Straße 65, 24014 Lübeck,
0451/72345. Tick BahnCard Basiskarte, oder ab: 0205...

2 Sticking words together
der Bahnsteig, der Fahrausweis, das Reisezentrum, das
Ausland, der Hauptbahnhof, der Fahrplan, das Reiseland, der
Bahnausweis, der Reiseplan

3 Breakfast on the train
1. Europa-Frühstück 2. Europa-Frühstück 3. City-Frühstück 4.
Boulevard-Frühstück 5. yes

4 Travel questions
1. komme ... an 2. kommen ... an 3. steigt ... ein
4. steigen ... um 5. steige ... aus 6. steigt ... ein
7. steigt ... um 8. steigen ... aus

5 Travel connections
1a, 2b, 3a, 4b, 5a

6 Useful expressions
1. Sie 2. Reisezentrum 3. Fahrpläne 4. helfen 5. sechs 6. richtig
7. Fahrkarte 8. zurück 9. einfach 10. Amsterdam 11. zweiter

Unit 5

1 A busy day
um <u>halb</u> zehn mit Herrn Maier, um halb <u>zwölf</u> mit Frau Daniels,
eine <u>halbe</u> Stunde Mittagspause, um <u>fünf</u> hatte ich Feierabend,
von <u>sechs</u> bis elf Uhr im Café.

2 Present and Past
1. Er hat eine Besprechung. 2. Wir waren in London. 3. Sie war
in der Kneipe. 4. Du hast eine lange Mittagspause. 5. Bist du in
Amsterdam? 6. Er ist krank. 7. Ihr wart pünktlich. 8. Ich war
sauer. 9. Wir haben Ferien. 10. Es ist dringend.

3 A Postcard
Konstanz, 5. September
Liebe <u>Carola</u>,
Viele Grüße aus <u>Konstanz</u>. Ich bleibe <u>drei Wochen</u> am
Bodensee. Die Stadt <u>ist interessant</u> und ich <u>mache</u> viele Fotos.
Das Wetter <u>ist super</u>. Es <u>gefällt</u> mir gut. Viele Grüße <u>Veronika</u>

4 Quiz
Hansestadt, Marzipan, Kuchen, Mann, Holstentor, Hamburg
<u>Keyword:</u> Bremen

5 Seasonal pairs
Incompatibles: a, c, d

6 A message
Corrected statements: 2. Am Apparat war <u>eine Frau</u> Toller.
4. <u>Frau Tollers</u> Telefonnummer ist 23789. 5. Die Vorwahl von
<u>Frau Toller</u> ist 089. 6. Es war <u>dringend.</u>

Unit 6

1 Buying a shirt
Correct sequence: 4, 2, 3, 1

2 Likes and dislikes
1. Dieser Film gefällt mir nicht. 2. Dieses Hemd gefällt mir.
3. Diese CDs gefallen mir. 4. Diese Tasse gefällt mir nicht.
5. Diese Gläser gefallen mir. 6. Dieses Paket gefällt mir.

3 Likes only
1. Wir mögen Fisch. 2. Magst du Popmusik? 3. Er mag Kaffee.
4. Sie mögen Deutsch. 5. Andrea mag Broschen. 6. Mögt ihr
Pizzas? 7. Sie mag Jazz. 8. Anna und Nico mögen Wein.
9. Mögen Sie Köln?

4 Pen Pals
Wanda and Heide, Nicky and Andreas, Sara and Thomas.

5 Mag or möchte
1. Wir möchten etwas essen. 2. Du magst Popmusik. 3. Er mag
Kaffee. 4. Sie möchte die CD. 5. Du möchtest das Armband.
6. Sie wollen dieses Hemd. 7. Wir mögen den Film.

6 Different wording - same meaning
You should have crossed out: 1, 6, 8, 11

Unit 7

1 Twin figures
1c, 2a, 3e, 4f, 5b, 6d, 7h, 8g

2 At the bank
1a, 2b, 3a, 4a
Picture 1: ein Brötchen, eine Zwiebel, ein Scheckbuch;
picture 2: ein kleines Kind, eine Scheckkarte; picture 3: ein
Weinglas, ein Hemd; picture 4: Bargeld, ein Hemd.

3 A dialogue at the bank
1. Ja, ich möchte mein Geld abholen. 2. Meine Kontonummer
ist 2367531. 3. Ja, das ist mein Konto. 4. Ja, ich habe meinen
Ausweis dabei. 5. Meine Scheckkarte ist hier!

4 Two into one
der Wechselkurs, das Bargeld, die Vollmacht, der
Auslandsschalter, die Scheckkarte, die Stadtsparkasse, die
(der) Bankangestellte, der Geldautomat. Also possible: die
Bankkarte, der Bankschalter.

5 Questions and answers
1. Können Sie mir sagen, wo Nico ist? 2. Ja, natürlich kann ich
Ihnen einen Gefallen tun. 3. Ja, natürlich gefällt mir die
Brosche. 4. Können Sie mir das Geld holen? 5. Ja, natürlich
bekommen Sie das Geld von mir.

6 More banking
1a, (b) I want to pay in 300 Mark. c) I want to pick up 300
Mark.) 2b, (a) I hope you like it here. c) Can you give me an
authorisation?) 3b,(a) I have no money. c) I want to pay
please. The bill please.) 4a, (b) I want to open an account.
c) I want to buy some traveller cheques.) 5c, (a) I want to pay
at the bar. b) I want to pay by cheque.)

7 Shopping spree
1. vierhundertneunundsechzig 2. dreihundertfünfunddreißig
3. siebenhundertsiebenundsiebzig 4. neunhundertneunund-
neunzig 5. zweihundertachtundzwanzig 6. zweihundertneun-
undvierzig 7. einhundertfünfundachtzig

Unit 8

1 Familie Stade
1. Und das ist mein Mann. Er heißt Jan 2. Ich habe zwei
Schwestern. Sie heißen Karin und Sarah. 3. Das sind meine
Brüder. Sie heißen Paul, Henning und Martin. 4. Hier ist meine
Tochter Karin. Ihre Schwester heißt Sarah. 5. Ich habe fünf
Kinder, drei Söhne und zwei Töchter.

2 Holidays in Austria
Mein Vater hat viel Tennis gespielt, meine Mutter hat lange
Wanderungen gemacht, und meine Schwester und ich haben
jeden Tag Bonbons gekauft. Aber meine Brüder haben keinen
Spaß gehabt. Mein kleiner Bruder hat nicht gelacht. Er hat
immer nur französisch gelernt und hat jeden Abend mit seiner
Freundin in Paris telefoniert. Und mein großer Bruder hat auch
nicht gelacht. Er hat Probleme mit seiner Bank gehabt und hat
von mittags bis mitternachts in einem Restaurant gearbeitet.

3 Competitive life styles
1. Und Nico spielt heute Jazz. 2. Und Felix und Tina lernen
heute englisch. 3. Und wir hören heute eine Oper. 4. Und ich
habe heute viel Spaß. 5. Und Kerstin besucht heute ihre
Freundin. 6. Und wir wandern heute viel. 7. Und Steffi telefoniert heute mit ihrer Mutter.

4 Public notices
1. Patrick-Oliver 2. P.O.M. 3. Thomas 4. Kornelia
5. in Stuttgart-Bad Cannstatt 6. today

5 Puzzle
1. Wohnung 2. offen 3. London 4. Fußball 5. Spaß 6. Brüder
7. Uhr 8. Rolltreppe 9. Geschwister
Name of town: Wolfsburg

Unit 9

1 Advertisements
Possible match: 1d, 3b, 4e. Number 2 will have problems to find
anything.

2 Room search
1. Wie groß ist das Zimmer? 2. Was (wieviel) kostet das
Zimmer? 3. Ist das Zimmer warm oder kalt? 4. Wann könnte ich
das Zimmer sehen? 5. Und wie ist Ihre Adresse? 6. Ist das im
Zentrum? *Note that instead of* **das Zimmer** *you could have
used* **es.**

3 To be or to have
1. bin 2. haben 3. Bist 4. ist 5. habe 6. sind 7. ist 8. hat
9. Haben

4 Different words – same meaning
1d, 2c, 3e, 4b, 5f, 6a

5 A portrait
1. Ich heiße Marika Mai. 2. Ich bin 24 (Jahre alt). 3. Ich bin in
München geboren. 4. Ich bin am 3. Juni geboren. 5. Nein, ich
bin in einem Dorf aufgewachsen. 6. Ich bin mit dem Bus zur
Schule gefahren. 7. Ja, ich habe zwei Brüder. 8. Sie heißen
Jürgen und Martin. 9. Jürgen ist 19 und Martin ist 23 (Jahre alt).

Unit 10

1 Which rooms?
1. Arbeitszimmer 2. Schlafzimmer 3. Badezimmer 4. Gäste-zimmer 5. Eßzimmer 6. Garten 7. Balkon 8. WC 9. Küche
10. Wohnzimmer

2 What accommodation?
1. a) Ich habe ein Haus. b) Das ist (Es ist) ein Einfamilienhaus.
c) Ja, ich habe auch einen Garten.
2. a) Wir haben eine Wohnung. b) Ja, das ist eine Mietwohnung. c) Wir haben drei Zimmer, Küche, WC und Bad.
d) Nein, wir haben keinen Balkon.
3. a) Ich habe ein Apartment. b) Das Apartment ist gekauft.
c) Ja, ich habe auch einen Balkon.

3 What a small kitchen!
1. großer Garten 2. kleines Zimmer 3. heiße Dusche
4. billiges Haus 5. kaltes Bad 6. schöne Wohnung

4 Understanding advertisements
1. kein Weihnachtsgeschenk 2. Kühlschrank 3. Obst und Gemüse 4. Frisch vom Bauernhof 5. Wir machen Urlaub.
6. Individuelle Ferienhäuser 7. Wer strickt mir einen Pullover?
8. Fahrschule 9. Frohe Weihnachten 10. Waschmaschine
11. Arabische Skizzen 12. Handlesen 13. 8 Sorten 14. keine Panik 15. frische Landeier 16. Ferienwohnung 17. Hilfe!

Unit 11

1 Curiouser and curiouser
1. woher 2. wohin 3. wie 4. wie 5. wie 6. wann 7. wie 8. wieviele
9. warum 10. wo 11. wie 12. was

2 Hidden objects

```
P  T  A  S  S  E
N  A  R  G  Z  E
O  S  K  H  E  L
P  C  H  E  I  J
X  H  N  M  T  V
G  E  L  D  R  I
```

3 Change of plans
You should have underlined: die ganze Woche; die ersten drei Tage, die letzte drei Tage, in einem Hotel, jeden Morgen, an den Nachmittagen
Rewritten letter: Von Freitag auf Samstag habe ich bei einem Freund gewohnt. Am Samstagmorgen habe ich eine lange Wanderung mit ihm gemacht. Samstagnacht habe ich gezeltet. Den Sonntagmorgen habe ich in einem Café verbracht, Tee getrunken und lange gefrühstückt. Am Nachmittag bin ich dann auf Rügen umher gefahren und habe mir die Landschaft angeschaut. Und am Montag bin ich dann wieder zur Arbeit zurückgekommen.

4 More questions
1. War das eine lange Reise? 2. War das ein schneller Zug?
3. War das eine schöne Landschaft? 4. War das ein billiges Hotel? 5. War das ein nettes Zimmer? 6. War das ein gutes Essen? 7. War das ein toller Service?

5 Lie detector
2. Gestern 3. Nein, mit dem Bus. 5. morgens 7. Mit dem Taxi.
9. Sie hat mir einen Kuß gegeben. 10. Wir sind in ein großes Bierzelt gegangen und haben viel Bier getrunken. Wir haben viel Spaß gehabt.

Unit 12

1 Bad luck
1. Uwe hat Fieber. a) Er darf nicht...b) Er muß... c) Er darf nicht...
2. Uwe hat kein Geld. a) Er muß ... b) Er darf nicht ...
c) Er muß ...
3. Uwe hat Zahnschmerzen. a) Er darf nicht ... b) Er muß ...
c) Er darf nicht ....
4. Uwe ist zu dick. a) Er muß ... b) Er darf nicht ... c) Er muß ...
5. Uwe hat keine Freunde. a) Er muß ... b) Er darf nicht ...
c) Er muß ...

2 Doctor's words
1. Schnupfen 2. Versicherung 3. Schmerzen 4. Behandlung 5. Erkältung 6. Grippe
<u>Keyword</u>: Fieber

3 What a headache
1e, 2h, 3k, 4l, 5i, 6j, 7c, 8f, 9m, 10a, 11d, 12g, 13b

4 High temperature
1. Mum, I'm so unwell! 2. What's wrong with you then?
3. Headache and so on ... 4. And so on? Well, go to bed then and take your temperature. 5. Great! 6. There, I hope you recover soon... 7. Hi! Today's no school and we wanted to go to the zoo with Drago. 8. Sorry Lolly, but he is very ill and has to stay in bed.

5 Superdad
Super dud: 1,2,5,7
a) tolle Väter b) hat ... gefragt c) der ideale Vater d) knuddeln
e) Hausaufgaben f) Dinge g) unternehmen

Unit 13

1 Help!
True: 2, 4, 5, 6, 8, 9

2 Sportfans
1a: spielt 2b: geht 3c: spielt 4b: macht 5b: geht

3 Unspeakable!
1. Verein 2. Mitglied 3. Sportsendungen 4. Weltmeisterschaften
5. Sportarten 6. Fußballstadium 7. Mannschaft 8. fit

4 Compatibilities
Torben & Anita, Peter & Marina, Ingo & Nina, Isabella & Tobias.
Andreas and Marlies might have trouble finding suitable partners.

5 Comparisons
1. besser 2. gesund 3. lieber 4. lustig 5. anstrengender 6. mehr

Unit 14

1 Job description

1. Ich schreibe, daß ich einen dynamischen Job suche. "Ich suche einen dynamischen Job!" 2. Ich schreibe, daß ich sympathisch und attraktiv aussehe. "Ich sehe sympathisch und attraktiv aus." 3. Ich schreibe, daß ich modern, flexibel und menschlich arbeiten will. "Ich will modern, flexibel und menschlich arbeiten!" 4. Ich schreibe, daß ich mit Freude bei der Arbeit bin. "Ich bin mit Freude an der Arbeit." 5. Ich schreibe, daß ich viel Initiative habe. "Ich habe viel Initiative."

Good intentions: Ich werde einen dynamischen Job suchen. Ich werde sympathisch und attraktiv aussehen. Ich werde modern, flexibel und menschlich arbeiten. Ich werde mit Freude bei der Arbeit sein. Ich werde viel Initiative haben und meine Kurzbewerbung senden.

2 Compounds galore

die Grafik + die Abteilung = die Grafikabteilung, die Kunst + die Akademie = die Kunstakademie, der Beruf + die Erfahrung = die Berufserfahrung, fern + das Gespräch = das Ferngespräch, fern + sehen = fernsehen (or: das Fernsehen), die Vorstellung + das Gespräch = das Vorstellungsgespräch, frei + die Zeit = die Freizeit, fort + die Bildung = die Fortbildung, die Schule + die Bildung = die Schulbildung, die Kunst + die Schule = die Kunstschule

3 Things to do

1c, 2a, 3b, 4d

4 An important occasion

Am Freitag borge ich mir einen Anzug, dann kaufe ich einen Schlips. Als nächstes gehe ich zum Friseur und lasse mir die Haare waschen und schneiden. Nachmittags gehe ich joggen und in die Sauna. Abends muß ich meine Schuhe putzen. Dann nehme ich ein warmes Bad und gehe früh ins Bett. Samstag stehe ich früh auf. Ich mache Gymnastik und nehme anschließend eine kalte Dusche. Mittags rufe ich die Werkstatt an und hole dann das Auto ab.

5 Schülerwitze

1e: At school little Hans says: "I already know how to make babies". "So what", says little Kurt, "and I already know how not to make them!" 2c: "I am glad I was not born in England", says Sabine. "Why", asks the teacher. "Because my English is so bad." 3b: The teacher says to the student: "You look so pale. Are you frightened of my questions?" "No, but of my answers!" 4d: "I came across you in the street yesterday, but you did not see me", the director says to the student. "Yes, I know." 5a: "You have not done any work again", scolds the teacher. "Do you know what happens to children like you later on?" "Yes, they play football and drive big cars!"

Unit 15

1 Social disgrace

gaffes: 1c, 2b, 3c, 4a, 5c, 6c, 7a, 8b

2 Rules and regulations

1. Parken verboten 2. Ausfahrt 3. Raststätte 4. Kreditkarte 5. Halt 6. ADAC 7. Umleitung 8. Selbsttanken

3 Private detective

1. Sie wohnen in Köln. 2. Sie haben eine Wohnung. 3. Ja, ich habe ihnen Blumen mitgebracht. 4. Sie haben sich sehr gefreut. 5. Nein, Karin war nicht mit. 6. Weil sie Urlaub hat. 7. Sie ist auf die Kanarischen Inseln gefahren. 8. Am Nach-

mittag gab es Kaffee und Kuchen. 9. Die Atmosphäre war gemütlich. 10. Ja, ich bin zum Abendessen geblieben. 11. Das Essen war sehr lecker (or: Das Essen schmeckte sehr lecker. Das Essen hat sehr lecker geschmeckt.)

4 Motoring language

1b: I'm paying by credit card. 2a: Could you please sign here. 3c: Please check the battery. 4e: And could you also check the oil and water please? 5g: Could I have 80 Marks worth of petrol, please. 6d: That makes 90 Mark altogether. 7f: Fill up the tank please.

5 Different phrases – same meaning

Pairs: 1+12, 2+3, 4+7, 6+9, 11+17, 13+19, 14+15; all the others are mavericks.

Unit 16

1 No socks for Christmas

R: 2, 4, 6, 7

2 Preparations for the party

1. Nein, ich kaufe ihn morgen abend ein. 2. Nein, ich lade sie morgen ein. 3. Nein, ich rufe sie heute abend an. 4. Nein, sie kommt heute mittag an. 5. Nein, ich hole es morgen früh ab. 6. Nein, ich nehme ihn nach dem Essen mit.

3 Job market

Possible job matches: 1e, 2g, 4d, 5, 8c, no jobs for 3, 6, 7. Socialising for the unemployed: a, b. f) Neuanfang g) Frühstückstreff h) Arbeitslose i) Freiheit j) stricken k) Geld verdienen

4 The little words ...

1. ab 2. in 3. zum 4. vor 5. und 6. beim 7. zum 8. zu 9. am

5 Matching meanings

Odd ones out: 3, 5, 7, 12, 15

Treffpunkte

Unit 1

1. Tasse Kaffee, Croissan;t 2. Knäckebrot,
Orangenmarmelade; 3. Kännchen Tee, Brötchen, E;i 4. Toast,
Schinken, Käse,
5. Glas Orangensaft, Joghurt; 6. Scheiben Schwarzbrot, Butter;
7. Müsli, Milch

2 Liquid delights
1. Wasser 2. Bier 3. Kaffee 4. Sekt 5. Milch 6. Wein 7. Sahne
8. Orangensaft
Keyword: Riesling

3 Wines and foods – a compatibility guide
a7, b1 or 8, c5 or 6, d2 or 9, e3, f4

4 Choice pieces ...
Himbeertorte, Käsekuchen, Apfeltorte, Marmorkuchen,
Mohnkuchen, Sachertorte

5 What can you say?
1. d + f, 2. e + h, 3. c + g, 4. b + k, 5. j + l

6 Cafés and wine bars
a6, b3 or 2, c5, d1, e2, f4 or 5
a) Blick auf den Dom b) Altstadtlokal c) Dschungelatmosphäre
d) Tortenfreunde und Tortenfreundinnen e) Affen f) Beste
Plätze g) Jahrhundert h) Terrasse I) Pagagelen j) Pflanzen

Unit 2

1 Messages on the answerphone
1. Herrn Backe 2. Hans Schöllhorn 3. yes 4. Tuesday 5. he has
another important meeting 6. move the meeting to Thursday
4 pm. 7. ring back the following number: 345 661
Mein Name ist Ina Runde. Ich habe eine dringende Nachricht
für Frau Heller. Es geht um das Essen am Mittwoch. Ich kann
leider nicht kommen, weil meine kleine Tochter krank ist. Ich
hoffe, wir sehen uns am Wochenende.

2 Phonecards in Germany
1. Telefonkarte 2. anrufen 3. Münzen 4. Münzfernsprecher
5. kaputt 6. Telecom-Geschäft 7. bargeldlos 8. stecken
9. Fernsprecher

3 A linguistic special
You understand <u>nothing</u>. The <u>man</u> can't pronounce ... and <u>no</u>
"ch" either. Of course you can also take <u>the tram</u> or go shopping in the <u>weekly</u> market.

4 Telephone language
1h: niemand 2e: Ordnung 3g: ausrichten 4f: Dienstreise
5j: gesprochen 6d: Besprechung 7i: Nachricht 8b: verstanden
9a: wiederholen 10c: verbinden

5 And finally, a poem
Translation (approximate):

The most beautiful maiden is sitting
Up there wonderfully,
Her golden jewels glisten,
She's combing her golden hair.

She combs it with a golden comb
While singing a song
That has a wonderful,
Powerful melody

The boatman in his small boat
Is gripped by a wild pain;
He does not see the rocky reefs,
He only looks up high.

I think the waves are swallowing
The boatman and his boat in the end,
And that's what the Lorelei has done
With her singing.

Picture 1: lines 11, 12; picture 2: lines 1, 2, 3, 4; picture 3:
lines 13, 14; picture 4: lines 5, 6 and possibly 4.

Unit 3

1 Who is industrious
Erich, Angelika and Karin are industrious, everybody else
is lazy!

2 Dithering
1. Kinderkrippe 2. Büro 3. Wochenende 4. Gleitzeit
5. Feierabend 6. Hause

3 Jobsearch
1a: Gartenarbeiten 2a: rüstiger Rentner 3f: Wir würden uns
freuen, Sie kennenzulernen. 4c (or h): Tagesmutter (and possibly Haushaltshilfe) 5g: Junge Arbeitslose 6e: mit absolut neuen
Produkten 7b: sucht praktische Arbeit 8d: 6 Jahre Berufserfahrung 9b: in der Baubranche

4 Daily routines
1. teilen 2. staubsauge 3. putzt 4. macht 5. gehe 6. mache
7. bügelt 8. arbeite 9. bringe 10. hole 11. koche 12. bringt
Am Samstag war immer der große Haushaltstag. Mein Mann
und ich teilten uns die Arbeit. Ich staubsaugte die Wohnung,
mein Mann putzte das Badezimmer. Er machte die Betten.
Dann ging ich einkaufen. Ich machte die Wäsche, aber er
bügelte sie dann. Während der Woche war es anders. Da
arbeitete ich viel mehr als mein Mann. Ich brachte jeden
Morgen die Kinder weg und holte sie nach der Schule auch ab.
Außerdem kochte ich jeden Tage. Manchmal brachte mein
Mann die Kinder ins Bett.

Unit 4

1 Going to Prague
1. Ich möchte gerne nach Prag fahren. 2. Am Wochenende. 3.
Ich möchte am späten Nachmittag ankommen. 4. Muß ich
umsteigen? 5. Ist das mit Intercity? 6. Gibt es auch einen direk-
ten Zug? (or: eine direkte Verbindung?) 7. Wo muß ich umsteigen?
a) 8.20 b) 16.45 c) 9.01 d) 9.28 e) 10.34 f) 11.34

2 In the Underground
1c, 2a, 3f, 4d, 5b, 6e

3 Train messages
1c, 2e, 3g, 4a, 5f, 6b, 7d

4 Holidays in a mountain hut
1. From beginning of July to mid September 2. Adults: 2x460
DM, child approx. 20% less = around 1280 DM. 3. From
Munich motorway towards Kufstein/Brenner, exit for Pustertal
and drive to Weisberg. 4. By EC from Munich to Bozen, then
get off at Weisberg. 5. Pre-arrange a meeting place in Weisberg. 6. On foot.

5 Odd one out
1. Fahrkarte 2. Mahlzeit 3. Autobahn 4. Sport 5. Wetter
6. Sommer 7. Schwarzwald

6 Going places
1a, 2b, 3c or d, 4d, 5e
6. Fasten mit Früchten 7. Schönheitswoche 8. Reise nach
Innen 9. Urlaub mit Kindern 10. Winterschlaf

7 Who's sitting in the Bundesrat
1. Nordrhein-Westfalen 2. Schlewig-Holstein 3. Saarland
4. Hamburg 5. Niedersachsen 6. Hessen 7. Bremen
8. Brandenburg 9. Rheinland-Pfalz 10. Baden-Württemberg
11. Berlin 12. Sachsen-Anhalt 13. Thüringen 14. Sachsen
15. Bayern 16. Mecklenburg-Vorpommern

Unit 5

1 How to make your mouth water
Pictures: 1d, 2c, 3a, 4b, 5e.
Vocabulary: 1b, 2g, 3c, 4f, 5h, 6d, 7e, 8a

2 Nouns and verbs
1. der Besuch 2. die Verbreitung 3. verbinden 4. der Export
5. produzieren 6. probieren

3 Puzzle
1. Fabrik 2. Backstube 3. Feinkost 4. Markt 5. Kaufhaus
6. Konditorei

4 Questions and answers
1. Einführung des Kurses 2. Leitung des Seminars
3. Besprechung der Pläne 4. Begrüßung der Gäste
5. Herstellung des Marzipans 6. Lieferung der Ware

5 Die fleißigen Deutschen
1. Für mich ist meine Freizeit wichtiger als meine Arbeit.
2. Nur 50% meiner Kollegen sind stolz auf ihre Arbeit.
3. Unsere Löhne sind die höchsten in Europa. 4. Wir bekommen auch extra Weihnachtsgeld und Urlaubsgeld. 5. Wir haben
den längsten Urlaub und die kürzeste Arbeitszeit. 6. Pro Woche
arbeiten wir nicht mehr als 37 Stunden.

Unit 6

1 The laundry list
2 Krawatten, 1 Paar Hosen, 1 Sakko und 1 (Paar) Hose(n) =
1 Anzug (1 jacket and 1 pair of trousers = 1 suit), 6 Taschen-
tücher, 5 Oberhemden, 3 Paar Socken, 1 Mantel

2 In the department store
Damenabteilung: Blusen, Kleider, Jacken, Röcke, T-Shirts;
Haushaltwaren und Geschenke: Obstschalen, Kerzen, Blumen-
vasen, Kerzenständer; Schmuckabteilung: Ohrringe, Ringe,
Armbänder; Spielwaren: Teddybären; Sportabteilung: Tennis-
schläger, Fußbälle, Wanderschuhe.

3 Colour benefits
1. orange 2. türkis 3. rosa. 4. gelb. 5. orange 6. blau 7. grün

4 The right present
1. Ich möchte ein Geschenk kaufen. 2. Für meinen Sohn. 3. Er
ist fast 12 or: Er wird bald 12. 4. Nein, er haßt Spielsachen.
5. Ja, er liebt Sport 6. Ja, gute Idee. Was kosten die? 7. Das ist
mir zu teuer. 8. Ja, gut. Was kostet der denn? 9. Ist das der billigste? 10. Gut, dann nehme ich den. 11. Ja, bitte. Und wo
kann ich bezahlen?

5 Special offers
1. Sommerschlußverkauf 2. Käufer 3. Einkaufen 4. billiger
5. Qualität 6. teurer 7. teuersten 8. besser 9. enttäuscht
10. Sonderangebote 11. reduziert
Translation:
The summer sales are an attraction not just for the locals in
Cologne. Like every year, many customers have also come
from the neighbouring countries – among them some Swiss
people. They think many items are cheaper than in Switzerland
and are mostly satisfied with the quality. Visitors from the US,
however, say that everything is much more expensive. Most
expensive for them are electrical goods. The English like
buying shoes. They think the German quality is much better.
But unless you want to be disappointed you must react quickly.
Many special offers are so drastically reduced that they
disappear very quickly.

Unit 7

1 Quantity Shopping
agl, bfq, cho, dkp, ejm, in

2 Death of the Corner Shop
Richtig: 1, 3, 4
a) Sie finden das bequemer. b) Die Mieten sind zu hoch.
c) direkt vom Erzeuger d) Es gibt zu wenig Parkplätze. e) oft
gibt es dort Sonderangebote. f) Außerdem kaufen die Leute
lieber alles im Supermarkt ein.

3 Adjectives
1. klein 2. jung or neu 3. böse 4. schön 5. offen 6. billig
7. langsam 8. kalt

4 Shopping for food
ein Liter Milch, ein Kilo Bananen, sechs Eier, ein Pfund
Zwiebeln, ein Kilo Tomaten, eine Gurke, fünfhundert Gramm
Hackfleisch, eine Flasche Rotwein, fünf Dosen Hundefutter, ein
Liter Öl, zweihundertfünfzig Gramm Parmesankäse, Gewürze

5 At the travel agent
1. Flug 2. buchen 3. fliegen 4. Wochenende 5. Sondertarif 6. im
Voraus 7. Ticket 8. abends 9. Morgenmaschine

6 No luck
my car broke down, my wife had to take a taxi, I went into town
to go shopping, I went to the bank, I don't know why (not trans-
lated). My pin number was OK, and wanted to go into the bank.

Unit 8

1 Descriptions
1. oval, klein, lang, rund, eckig; 2. klein, lang, groß; 3. klein,
kurz, lang, groß; 4. lockig, schwarz, blond, lang, kurz, dick;
5. rund, schlank, dick; 6. schwarz, klein, groß, rund; 7. kurz,
lang, dick, schlank

2 Who are they?
1. Großmutter 2. Geschwister 3. Onkel 4. Großeltern 5. Nichte
6. Eltern 7. Neffe 8. Großvater 9. Tante Keyword: Urgroßeltern

3 Who dunnit?
Suspect: Herr Dimpel. Here are the others: Herr Karlson hat
eine totale Glatze, er ist dünn, aber er hat einen ganz runden
Bauch. Er sieht ziemlich alt aus. Er trägt eine eckige Brille und
hat keinen Bart. Herr Engel: Er hat nicht mehr viel Haare auf
dem Kopf. Er trägt eine runde Brille und hat einen langen Bart.
Er sieht ziemlich jung aus. Herr Matz: Er hat keine totale
Glatze, aber nicht mehr viel Haare auf dem Kopf.

Er ist groß. Er trägt eine Brille und hat keinen Bart.

4 Impossible!

Margot schlank und dicke Figur? Anita blond und dunkle Haare? Marianne weißer Schnurrbart? Christoph dunkelbraune Haare und Glatze? Helmut sieht wirklich toll aus?

5 Matchmaking

b+i, c+g, f+h

6 Love – the old story

Here are the pictures in the right order: 4, 1, 3, 2

Unit 9

1 Origins

1. Französin, französisch; 2. England, englisch; 3. Italien, Italienerin; 4. Rumäne, rumänisch; 5. Japan, japanisch; 6. Polen, polnisch; 7. Spanierin, spanisch; 8. Griechenland, griechisch.

2 Beg your pardon?

odd ones out: 1b: I understand. 2a: I agree. 3c: You are speaking too slowly. 4a: I know how to write (spell) this.

3 Biography

1c, 2e, 3g, 4j, 5h, 6a, 7d, 8i, 9f, 10b

4 An interview

1. Wo bist du aufgewachsen? 2. Wo bist du zur Schule gegangen? 3. Wo hast du Deutsch gelernt? 4. Seit wann lebst du hier in Marburg? 5. Warum bist du nach Deutschland gekommen? 6. Möchtest du wieder nach Norwegen zurück?

5 Immigrants

1. a, e, h, j, k; 2. b, d, f, g; 3. c, i.

Unit 10

1 Circus of the Sun

Wrong: 1a and b, 2b, 3a, 4c, 5a and b, 6b, 7a and c.

9. der poetischste Zirkus 10. ein Meisterwerk an Choreographie 11. in aller Welt 12. noch einmal eine Chance 13. das traditionsreiche Maritim-Hotel 14. mit der schönsten Bar 15. für einen sehr guten Platz 16. ein festliches Menü

2 Far from perfect

1. mich 2. Rechnung 3. nichts 4. nicht 5. Frühstück 6. Handtücher 7. Dusche 8. Kaffee

3 Holidays in Eastern Germany

1. geehrte 2. Seeger 3. möchte 4. 7.-21. August 5. Doppelzimmer 6. brauchen 7. Kinder 8. Jahre alt 9. Hochachtungsvoll 10. Mills

1. Wir sind eine Woche in dem Hotel gewesen. 2. Das hat insgesamt 1540 Mark gekostet. 3. Ja, das Appartement hatte auch einen Fernseher. 4. Es gab dort kein Bad, aber eine Dusche. 5. Ja, das Hotel hatte auch einen Spielplatz. 6. Man konnte wandern, reiten, fahrradfahren, in die Sauna gehen, schwimmen und Kremserfahrten machen. 7. Der Ort ist 130 km von Berlin entfernt. 8. Von Leipzig ist er 50 km entfernt. 9. Ja, man kann auch mit dem Zug dorthin reisen.

Unit 11

1 What's in the text?

correct: 1, 2, 5, 6, 8, 10, 11

2 Family portraits

1. Vor der Wende waren die Leute viel offener. 2. Hier ist die Luft so schlecht. 3. Vielleicht gewinnen wir ja mal im Lotto. 4. Ich finde sicher bald wieder einen Job. 5. Unsere Ehe ist harmonisch. 6. Dreieinhalb Jahre lang wurden sie in ihrer Wohnung abgehört. 7. Sie wird immer noch traurig, wenn sie von ihrem Mann spricht. 8. Nur am Wochenende gibt's ein richtiges Familienleben. 9. Ich bin in einem kleinen Dorf aufgewachsen und habe immer meine Freiheit gehabt. 10. Heute möchte ich nicht mehr Lehrerin sein.

3 Who might have said what

1. Gabriele Schuster 2. Corinna Martin 3. Gerhard und Gisela Düsterdick 4. Gabriele Schuster 5. Ilse Egger 7. Ilse Egger 8. Gisela Hirschfeld 9. Marleen und Michael Martin 10. Kuno Schuster

4 Before and after unification

1. Die Großbetriebe sind reicher (größer, kleiner) geworden.
2. Die Renten sind höher (geringer, größer, kleiner) geworden.
3. Die Atmosphäre ist mißtrauischer (kälter) geworden.
4. Die Arbeitszeit ist geringer geworden.
5. Die Welt ist größer (kleiner) geworden.
6. Die Freizeit ist geringer geworden.
7. Das Leben ist mißtrauischer (kälter) geworden.

Unit 12

1 A cartoon

Completely new slimming pills: to be dropped and picked up 20 times a day.

2 Sick jokes

1a, 2e, 3d, 4b, 5c

3 The Power of plants

headaches, <u>fatigue</u> and dizziness; building materials and <u>paints</u> give off; into the air <u>for years;</u> weaken your <u>immune</u> system; <u>What can you do about it?</u> Green plants are medicine <u>for our lungs.</u> They work as air filters <u>in flats and offices.</u> Leaves absorb <u>chemicals such as</u> formaldehyde. Palms <u>and ferns</u> are.... <u>Besides, don't forget to air regularly.</u>

4 Body language

1g, 2i, 3f, 4c, 5j, 6a, 7e, 8b, 9d, 10h

5 Symptoms

1. Insektenstiche 2. Sonnenbrand 3. Schnupfen 4. Grippe 5. Kater

Unit 13

1 Natural cures

The hotel does not have a boutique. There is no tennis (only table tennis). There's a parking space but no garage (garages can be rented).

2 Portrait of a young sports woman

Sie geht <u>ins Gymnasium</u> in Leutkirch. Cross out: <u>sie reist auch gerne.</u> Ihr <u>Vater</u> hat ihr das Tennisspielen beigebracht. Sie spielt für <u>zwei</u> Vereine. 1996 war sie die beste <u>württembergische</u> Spielerin.

Unit 14

1 Jobs for Europe
1. Fremdsprache 2. Karriere 3. englisch 4. Sprachunterricht
5. Sprachkenntnisse 6. Beruf 7. Betriebspraktikum 8. Arbeitsmarkt 9. Traumberuf

2 Further Education
<u>Frau Mai:</u> Ich gehe in den Kurs "Zuerst die Milch! Und wann der
Brei?", weil ich mein Baby richtig ernähren will. <u>Herr Köstler:</u> Ich
gehe in den Kurs "Sicher im Streß", weil ich innere Ruhe finden
möchte. <u>Frau Dannemann:</u> Ich gehe in den Aqua-Fit Kurs, weil
ich mich mit Wassertraining fit halten will. <u>Frau Krutke:</u> Ich gehe
in den Kurs "Gymnastik bei Osteoporose", weil ich an
Osteoporose leide. <u>Herr Fuchs:</u> Ich gehe in den Kurs "Schlank
und Fit", weil ich abnehmen und mehr Bewegung haben will.
<u>Frau Abel:</u> Ich gehe in den Portugiesisch-Kurs, weil ich ein
Ferienhaus in Portugal habe.

Unit 15

1 Friend or Foe?
Environmentally friendly: 2, 3, 5, 6, 9, 10, 12, 13, 14, 15, 16, 18,
21, 22, 23

2 Dear Britta ...
Liebe Britta, Ich wohne jetzt schon seit drei Monaten in
Ravensburg. Mir gefällt es hier. Die Leute sind sehr
umweltbewußt. Es gibt sogar einen Windeldienst hier! Wie
findest du das? Magst du lieber Papierwindeln? Aber – sind sie
umweltfreundlich? Sie produzieren riesige Abfallberge. In
Ravensburg gibt es eine Alternative. Der Windeldienst KakaDu
bringt saubere Papierwindeln ins Haus, nimmt die schmutzigen
Windeln mit und wäscht sie! Und wenn du ein Fest feiern willst,
kannst du ein "Geschirrmobil" bestellen. Das spült in Windes-
eile Gläser und Teller. Eine tolle Idee, findest du nicht?

Unit 16

1 Joyous days
1a, 2c, 3d, 4e, 5b

2 An old custom
Richtig: 1, 4, 6, 8